용서하지 않을 권리

용서하지 않을 권리

피해자를 바라보는

적정한 시선과 태도에 관하여

김태경 지음

whale books

"선생님, 저기 귀신 있어요…."

이제 갓 네 살을 넘긴 어린아이가 잔뜩 겁먹은 눈으로 놀이치료실 구석을 가리키며 내 귀에 속삭였다. 아이의 공포와 불안이 귀신 형상으로 존재를 드러낸 것이었다. 나는 아이와 함께 나름 치밀하게(?) 귀신 소탕 작전을 모의했고 운 좋게 귀신 퇴치에 성공했다. 이후로도 귀신이 반복적으로 놀이치료실에 출몰해 우리를 위협했지만, 우리는 늘 아슬아슬하게 귀신과 싸워 이겨낼 수 있었다. 그렇게 몇 달이 흐르자 귀신 대신 경찰, 소방관, 군인이 나타나 위험에 처한 우리를 구해주었고, 어느 순간부터 아이가 구원자를 자처하게 되었다. 그로부터 몇 주 뒤, 아이의 불안과 공포 증상이 뚜렷이 호전되어 놀이치료를 종결할 수 있었다.

이 아이는 범죄 피해자를 지원하는 곳에서 본격적으로 일하게 되면서 만난 나의 첫 번째 내담자였다. 가끔 들려오던 소식마저 끊긴 지 여러 해가 흘렀지만, 나는 그 아이가 책임감 있고 품위 있는 어른이 되어 이 세상 어딘가에서 자기 몫을 당당히 해내고 있으리라 믿는다. 도무지 트라우마에 맞서 싸울 능력이라고는 전혀 없을 것만 같았던 그 작고 어린 아이가 자기만의 방법으로 범죄 트라우마를 극복하고 성장해 나가는 과정을 내가 두 눈으로 직접 보았으니까.

트라우마 사건에 대한 기억을 잊는 것은 불가능하다. 생명을 위협당했다고 느낄 만큼 강렬한 경험이었기 때문에 뇌가 그것을 잊고 싶어 하지 않는다. 하지만 그 기억이 현재의 삶을 방해하지 않게 만드는 것은 충분히 가능하며, 운 좋으면 그것을 삶에 통합함으로써 한층 성숙해질 수도 있다. 누구나 트라우마를 겪으면 본능적으로 회복의 긴 여정을 바로 시작한다. 이런 측면에서 바라보면, 트라우마 후유증은 트라우마적 사건을 이해하기 위한 몸부림의 결과이며 피해자가 회복 과정에 돌입했다는 징후다. 비록 그 방식과 속도에 개인차가 상당하기는 하지만.

인간에 의해 자행되는 범죄는 재난이나 교통사고보다 더 심각한 후유증을 초래한다. 무엇보다 인간에 대한 믿음과 신뢰가 훼손됨으로써 안전감을 회복하기가 쉽지 않다. 그뿐만 아니라 사건 후 피해자가 형사사법 절차에 관여할 수밖에 없는데, 변호인의 조력을 포함해 다양한 권리를 보장받는 범인과 달리, 피해자는 기껏해야 참고인이나 주변인으로 처우 받으면서 크고 작은 불편과 차별을 감수해야 한다.

심지어 사람들이 다양한 동기를 가지고 여러 방식으로 피해자에게 사건에 대해 말할 것을 반복적으로 요구한다. 피해자가 침묵이라도 하면 무언가를 숨기고 있다고 의심하고, 실언이라도 하면 그것을 근거로 진정성을 의심한다. 누군가는 위로와 지지를 가장해 범인을 용서하라고 넌지시 압박하기도 한다, 죄는 미워하되 사람은 미워하지 말라면서. 이런 경험은 피해자에게 용서하지 않을 권리를 침해당했다는 감각을 유발함으로써 회복을 방해한다.

하지만 분명한 것은 범죄 피해자 역시 나름의 방식과 각자의 속도로 회복의 여정을 밟아 나간다는 점이다. 오랜 범죄 피해자 지원 과정에서, 나는 범죄가 피해자에게 남기는 끔찍한 결과뿐 아니라 회복을 위한 피해자들의 뜨거운 노력을 목격했다. 그리고 내린 결론은 이렇다, "인간의 자기치유 능력은 참으로 대단하며 이러한 능력을 강화시키는 강력한 요인은 다름 아닌 이웃의 적절한 관심과 건강한 지지다." 여기서 강조되어야 할 것은 '적절성'과 '건강성'이다. 부적절한 관심과 불필요한 지지 행동은 오히려 증상의 호전을 방해하는 위험요인이 될 뿐이었다.

이것이 내가 이 책을 쓰게 된 계기였다. 이 책의 목적은 범죄 피해자의 사건 후 경험에 대한 이웃들의 이해 폭을 넓히는 것, 나아가 피해 회복을 위해 이웃인 우리가 해야 할 지침을 제안하는 것에 있다. 이를 위해 그간 내가 목도해 온 범죄 사건의 특성, 범죄 피해자를 괴롭히는 오해와 편견, 피해자의 수사와 재판 과정에의 경험 그리고 범죄가 피해자와 이웃, 나아가 사회 전체에 남기는 상흔을 살펴보고 이를 토대로 피해자의 빠른 회복을 돕기 위해 우리가 무엇을 할 수 있는지를 이야기한다. 마지막으로 범죄 피해를 당한 아이가 보이는 특유함을 강조하기 위해 아이가 범죄 피해자가 되었을 때 어떤 특성을 보이는지, 나아가 그들의 보호 지원 시에 그런 특징을 어떻게 고려해야 하는지 살펴본다.

나는 오랫동안 성선설과 성악설 모두를 부인하면서 인간이 백지상태로 태어나 어떻게 교육받느냐에 따라 결이 다른 사람이 된다고 믿었다. 하지만 범죄 피해자의 회복 과정을 함께 하는 경험이 누적될수록 그리고 그들의 이웃이 피해자 보호를 위해 힘쓰는 과정을 지켜보면서 인간의 내면 깊숙이 선한 의지가 강력하게 자리하고 있음을 알게 되었다. 인간은 선하다. 이 책을 읽는 당신도 분명 선하다. 범죄 피해자의 경험에 귀 기울이려는 당신의 선한 의지에 경의를 표한다.

이 책을 쓰기로 마음먹는 데만 몇 달이 걸렸다. 무엇보다 의도치 않게 범죄 피해자에 대한 오해와 편견을 심화시키는 요소가 담길지도 모른다는 두려움, 그로 인해 피해자의 상처가 덧나게 될지도 모른다는 두려움이 제일 컸다. 책을 쓰면서도 이해를 돕기 위해 사례를 언급해야 할 때마다 혹시라도 피해자에게 누가 될까 걱정되어 썼다 지우기를 반복해야 했다. 물론 피해자 보호를 위해 여러 사례를 섞고 변형시켰으며 가능한 언론에 공개된 사례, 그중에서도 방송 프로그램의 자문 과정에서 피해자 동의하에 검토한 사례를 우선으로 선별했지만, 결과적으로 그 누구의 사례도 아님과 동시에 모두의 사례가 되었기에 누군가는 자신의 사례라고 생각할 가능성이 있기 때문이었다. 그럼에도 불구하고 범죄 피해자들의 든든한 지지 세력을 구축하고자 이 책을 썼다. 좋은 길라잡이가 되어 범죄 피해자의 선량한 이웃이 한 명이라도 더 늘어나기를 간절히 소망하면서.

여러 사람의 도움 덕분에 이 책이 완성될 수 있었다. 우선 부족한 초고를 매번 꼼꼼히 읽고 솔직한 소감을 말해주어 글의 완성도를 높여준 나의 배우자와 우석대학교 경영문화대학원에 재학 중인 김현미 선생에게 깊이 감사드린다. 웨일북의 김효단 편집자는 늘 응원을 아끼지 않았을 뿐만 아니라 훌륭한 솜씨로 편집을 도와주었다. 나의 가장 든든한 지지 세력인 서울동부스마일센터 직원들, 항상 응원을 아끼지 않는 그들에게 깊이 감사드린다. 이 책을 트라우마에도 불구하고 자기 삶의 주인으로서 최선을 다하기 위해 고군분투 중인 모든 범죄 피해자에게 바친다.

2022년 2월
겨울의 끝자락에서 김태경

CONTENTS

Chapter
6

상처 품은 아이를
이해한다는 것

범죄의 그늘에 가려
잊힌 사람들의 이야기

•••

사건을 떠올리면 숨쉬기가 힘들고 무언가 알 수 없
는 힘이 내 심장을 억누르는 느낌이 들어요. 동생을
찾아 헤매던 풀숲, 물웅덩이에서 나던 썩은 냄새⋯
그 모든 게 잊히지 않고 자꾸 떠올라요. 모든 게 끝나
지 않는 영화 같아요. 그 영화 속에서 나는 아직도 동
생의 시신을 찾아 풀숲을 헤매고 있어요.

_살인사건 유족의 진술에서 발췌

강력범죄가 발생하면 피해자는 범죄의 잔혹성을 이해하기 위한 수단으로 취급될 뿐, 그의 경험에 대한 깊이 있는 공감과 이해를 위한 노력은 종종 생략된다. 범죄가 끔찍할수록 가장 섬세하게 배려받아야 할 피해자는 한층 짙어진 범죄의 그림자에 가려 묻히며 놀라울 만큼 빠르게 잊혀간다. 안타깝게도 피해 당사자는 결코 그렇지 못해서 몇 달, 몇 년, 심지어 평생 범죄의 그늘에서 벗어나지 못하곤 한다.

2017년 3월 29일, 청소년이었던 범인이 초등학생을 집으로 유인한 뒤 살해해 시신을 훼손하고 유기한 후 그 일부를 지인에게 선물로 주는 사건이 발생했다. 소식이 알려지자 온 국민이 경악했고, 대중의 관심은 그가 사이코패스인지 아닌지에 집중되었다. 고인의 어머니가 방송에 출연해 유족의 고통을 알렸지만, 그의 상실감과 비통함은 미성년 범죄자에 대한 처벌 수위를 높이기 위해 소년법 개정이 필요한지에 대한 논쟁을 위해 소비되었을 뿐이었다. 이후로도 전 국민을 경악케 할 만큼 잔혹한 살인, 집단 폭행, 아동학대 살해, 방화 등의 사건이 계속 일어났지만, 언론과 대중의 태도는 크게 달라지지 않았다.

나는 임상심리학자이자 범죄심리학자다. 누군가는 나를 임상-수사심리학자라고 부르기도 한다. 이런 내가 세상과 접촉하며 내 존재를 의미 있게 만들어가는 방식은 매우 다양하다. 그중에서도 가장 가치 있게 여기는 것은 범죄 피해자들이 트라우마를 과거로 흘려보내고 지금-여기에서의 삶에 집중하기 위해 분투하는 과정을 함께하는 일이다. 이제 트라우마 상담가로서 그동안 보고 들었던 범죄 피해자들의 이야기를 독자들과 나누고자 한다. 이러한 노력이 범죄 피해자 보호를 위해 공동체 구성원인 우리가 무엇을 해야 하는지에 대한 고민을 촉진하길 바라는 마음으로.[1]

오늘 사랑하는 사람을 잃는다면

내 시계는 사건이 일어난 그 시각에 멈춰 있어요. 아직도 그 시각이 되면 매일 다시 그 일이 일어날 것 같아 무섭고 두려워요. 잊으려 해도 잊히지가 않아요. 머리는 앞을 향해 가는데 마음은 자꾸 뒤를 돌아보며 그 시간 그 자리에서 떠나오지 못하고 있어요.

_살인사건 유족의 진술에서 발췌

트라우마적 비애

살인은 적게는 1명에서 많게는 6~7명가량의 생존자를 남긴다.[2]
예고 없이 발생한 끔찍한 사건은 유족의 심리적 안녕을 심각하
게 위협하는데, 이들을 유족이 아니라 '살인사건 생존자'라고 부
르는 것도 이 때문이다.[3] 살인으로 가족을 잃는 것은 자연스러운
죽음에 대한 애도 반응과 확연히 다른 결의 스트레스 반응을 초
래한다.

자연스러운 죽음에 대한 반응은 대개 한계가 있으며 예측이
가능하다. 일반적으로 사랑하는 사람을 잃은 사람은 사실을 부
정하고 화를 내거나 멍해지는 등 충격과 둔감함 단계를 거쳐 고
인에 대한 생각에 지치도록 몰두하는 그리움·추구 단계, 그리고
고인의 죽음을 인정하고 다시 절망하며 삶의 의미를 찾지 못해
무기력하고 만사 귀찮아지는 분열·자포자기 단계를 지나 여전
히 슬프지만 절망감이 줄어들고 고인에 대한 긍정적인 기억이
되살아나는 재조직화·회복 단계에 이른다.[4]

하지만 살인으로 사망한 가족에 대한 애도는 트라우마적 비
애(traumatic grief)라고 불리는 강렬한 분노, 복수심, 신념과 가치
체계의 상실, 사회적 철수와 고립, 비난, 과도한 죄의식, 공포와

자살 관념 등을 수반한다.[5]

다음은 살인사건으로 배우자를 잃은 유족의 진술로, 자연스러운 죽음과 살인으로 인한 죽음이 유족에게 어떻게 달리 경험되는지를 보여준다.

> 차라리 아파서 죽었다면 이 정도로 비통하지는 않을 거 같아요. 아파서 죽었다면 남편이 병치례하는 과정에서 나를 괴롭히다가 죽었을 거고, 저는 '명이 다했으니까 갔다'고 생각하고 마음을 접었을 거 같아요. 죽음을 준비하면서 스스로 정을 떼고, 서로를 정리하고…. 하지만 살해를 당해서 하루아침에 갑작스럽게 사람이 죽으면 그게 안 되잖아요. 미련, 여운이라는 게 자꾸 남아서… 이미 간 사람인데도 운명이었거니 하는 생각이 안 들고 자꾸 억울하고 화만 나요. 이런 일을 당하고 나서야 죽음에도 준비가 필요하다는 것을 뒤늦게 깨달았어요.
>
> _살인사건 유족의 진술에서 발췌

특히 시신의 행방이 묘연하거나 살해 정황이 불분명할 때 가족들은 더욱 큰 충격을 입는다.[6] 시신이 없거나 피치 못할 사정으로 시신을 보지 못한 경우, 유족이 살인으로 인한 상실을 받아들이기가 더 어려워질 뿐만 아니라 사건을 부인하는 기간이 길어진다. 심지어 어느 날 갑자기 고인이 살아서 돌아올 것만 같은 기분에서 오랫동안 벗어나지 못하기도 한다.[7] 이런 맥락에서 고인의 시신을 보는 것은 사건이 발생하지 않았다고 믿고 싶어 하는 갈망을 줄여주어 가족이 사망했음을 분명하게 인식하도록 해주는 효과가 있다. 살인사건에서 이런 식의 인지적 확실성을 확보하는 것은 매우 중요하다. 역설적이게도 시신을 보아야만 사랑하는 사람을 떠나보내는 것이 가능해지기 때문이다.[8]

물론 사건을 부인하는 것도 애도 방식의 하나다. 하지만 부인하는 시간이 길어질수록 회복은 더뎌질 수밖에 없다. 자녀가 강간 피해 후 도주하다 결국 투신해 생을 마감한 사건에서 고인의 부모는 평소보다 일을 두 배로 늘리는 방법으로 부인방어를 시도했지만 비가 내리는 날이면 치밀어 오르는 울분을 견디지 못하고 젖은 흙바닥에 주저앉아 울기를 반복해야 했다. 묻지마 살인으로 자녀를 잃은 어느 어머니는 사건 후 마치 현실을 초월한 사람처럼 '모든 것이 지나가리라'는 식의 초연한 태도를 보였지만 스트레스가 조금만 고조되어도 의학적인 이유 없이 사지가 떨리는 증상으로 수년간 고통받아야 했다.

이러한 이유로 트라우마 상담을 할 때 유족이 부인방어를 지나치게 오래 지속하는 경우, 나는 연민을 담되 단호하고 분명한 어조로 '고인이 더 이상 살아 돌아올 수 없음'을 인식시키려 노력한다. 이러한 작업은 비교적 경험이 많은 트라우마 상담 전문가에게조차 결코 쉽지 않은 일이어서, 가능한 한 미루고 싶은 자신과 싸워야 할 때가 많다. 하지만 상실을 받아들여야만 애도가 시작될 수 있고 애도가 시작되어야 삶의 재건이 가능해지므로 이런 시도는 반드시 해야 하는 중요한 작업이다.

사건 후 거의 모든 유족이 사랑하는 사람이 살해당할 때 얼마나 아팠는지, 나아가 살인이 어떻게 시작되어 어떻게 끝났는지를 강박적으로 알고 싶어 한다. 이 때문에 많은 유족이 수사기관으로부터 얻은 정보와 자신이 직접 수집한 정보를 토대로 사건 발생 장소의 공간 특성, 냄새, 소리, 촉감, 느낌 등을 생생하게 떠올리곤 한다. 이 과정을 통해 재구성된 기억은 한 편의 영화가 되어 의지와 무관하게 머릿속에서 반복 재생되면서 유족의 강인함과 신뢰감, 희망, 건강한 대인 관계, 웃음을 앗아간다.[9]

그뿐만 아니라 유족은 사랑하는 사람이 죽었음에도 자신이 여전히 살아 있는 것에 대한 죄책감과 함께, 한순간 목전까지 찾아온 '죽음'이 불러일으킨 본능적 공포와 맞서 싸워야 하는 이중고에 시달리곤 한다. 평범하던 일상이 파괴되고 순식간에 지옥으로 빨려 들어가는 듯한 경험은 너무도 생경하고 당혹스러워서, 기존의 사고 틀에 흡수되지 못하고 겉돌다가 기회가 생길 때마다 유족의 일상을 뒤흔든다. 흔치는 않으나 일부 유족이 범인의 가족에 대한 연민을 이야기하기도 한다. 감히 추정컨대 자신에게 찍힌 사회적 낙인을 토대로 범죄자 가족에게 찍힐 낙인을 예상하고 그 고통에 공감하기 때문인 것 같다.

종교가 있었던 유족의 경우 신의 존재에 대한 분노와 불신 때문에 종교 활동을 더는 유지할 수 없거나, 종교 활동에 과몰입함으로써 상실을 부인하려고 시도하곤 한다. 종교가 없었던 유족 중에 사건 후 종교 활동을 시작하는 경우가 있으며, 특정 종교를 믿지는 않으나 자신만의 방식으로 영적 활동을 하는 경우도 있다. 이처럼 종교가 애도에 도움이 되는 것은 분명하다. 하지만 그러한 긍정적 효과는 유족이 스스로 선택할 때만 유효하다. 누군가의 압박에 의해 시작한 영적 활동은 신에 대한 분노와 원망감을 심화할 뿐, 도움이 되지 않는 경우가 많다. 트라우마 치료의 핵심 원칙 중 하나는 '피해자 스스로 선택하도록 돕는 것'이다. 아무리 좋은 이론과 기법도 심리적으로 준비되지 않은 누군가에게는 독이 되기 때문이다. 이는 비단 종교에만 국한되는 것은 아니다.

회복에 대한 저항

대부분의 유족이 '나아지는 것'에 대한 죄책감으로 고통스러워한다. 살인사건으로 자녀를 잃은 어느 어머니는 종종 내게 "선생님, 제가 혹시 나아지고 있나요?"라고 묻곤 한다. 내가 "아니요"라고 답하면 그는 "다행이네요. 그런데 선생님, 너무 힘들어요. 언제쯤 나아질까요?"라고 되묻는다. 역설적이게도 가끔 "네"라고 답하면 그는 여지없이 "말도 안 돼요. 이게 엄마예요? 전 정말 너무나 나쁜 엄마예요. 자식을 잃고도 잠을 자고 밥을 먹고 숨을 쉬다니"라고 말한다.

살인으로 동생을 잃은 또 다른 유족은 동생을 지키지 못한 자신은 고통받아 마땅하므로 어떠한 도움도 '사치'라며 심리 상담을 거절했다. 층간소음이 발단되어 두 아들을 잃은 유족은 상담 회기 중에 숨조차 제대로 쉬지 못해, 상담자가 조심스럽게 등을 토닥이고 팔다리를 주물러줘야 하는 상황이 반복되는 상태였음에도, 석 달도 채 지나기 전에 자신만 살겠다고 상담받는 것 같아 힘들다고 호소한 뒤 소식을 끊었다.

개인차가 크고 고인과 유족의 관계에 따라 다르기는 하지만, 그간의 경험상 사랑하는 사람이 살인사건으로 사망했다는 것을 유족이 온전히 **인식**하는 데만 **최소** 1년가량이 소요된다. 사망한 사람이 자녀이거나, 고인의 시신이 발견되지 않았거나, 심하게 훼손된 경우 그보다 더 긴 시간이 필요할 수 있다. 그뿐만 아니라 인지적으로 사건을 인정한 후에도 애도 과정에만 최소 3년 이상의 시간이 더 필요하다.

"자식이 먼저 죽으면 부모 가슴에 묻는다고 하지만, 살인사건으로 자식이 죽으면 가슴에도 묻히지가 않아요"라던 어느 유족의 말처럼, 애도를 시작했다는 것은 유족이 그저 현실의 삶을 가까스로 꾸려나갈 상태가 되었다는 의미일 뿐, 살인의 영향으로부터 완전히 벗어났음을 말하지는 않는다. 아무리 긴 시간이 흘러도 고인의 생일과 기일 같은 기념일이 다가오거나 예상치 못한 생활 스트레스에 직면하면 사건 기억은 어김없이 찾아와 유족의 삶을 뒤흔든다. 그래서 나는 살인사건 유족과 상담할 때 '고통을 없애는 것'이 아니라 '사건 기억과 **더불어** 현재를 살아갈 수 있는 것'을 목표로 정한다. 그것이 최선임을 알기 때문에.

트라우마 극복이라는 맥락에서 시간은 분명 훌륭한 약이다. 안타까운 것은 유족의 시간이 주변 사람을 포함한 세인의 시간과는 다른 속도로 흐른다는 점이다. 사건을 과거로 흘려보내지 못하는 유족과 달리, 그들의 주변 사람은 비교적 빨리 일상으로 돌아간다. 사실 유족보다 더 빨리 일상으로 복귀하는 것은 너무 당연하며, 그들이 유족의 든든하고 건강한 지지 자원이 되어야 한다는 점을 감안하면 바람직하기도 하다. 하지만 문제는 그들이 일상으로 돌아가는 순간 유족에 대한 연민도 함께 감소하거나 사라진다는 것이다.

결과적으로 주변 사람의 시각에서 어느 순간부터 유족이 너무 오래 비통해하는 것처럼 느껴질 수 있다. 그들은 종종 유족에게 좀 더 빨리 나아지지 않는다며 넌지시 비난한다. 심지어 자식을 잃은 부모에게 또 다른 아이를 빨리 낳으라거나, 아내를 잃은 배우자에게 재혼을 독려하기도 한다. 이 때문에 트라우마 상담 중에 유족의 주변 사람, 특히 중요한 지지자를 대상으로 한 심리교육과 정보 제공이 필요한 순간이 많다.

10년 전 살인사건 유족들과 처음으로 소풍을 나서던 날. 부끄럽지만 그날 나는 온통 신경이 곤두선 채 안절부절못했다. 유족들 앞에서 웃고 떠들어도 되는지, 슬픈 표정을 짓는 것이 그들에게 오히려 불편을 주지는 않을지, 먼저 다가가 말을 걸어도 되는지 도무지 확신이 서지 않았기 때문이다. 그렇게 어색한 시간이 잠시 흐른 뒤 어느 유족이 손을 번쩍 들더니 큰 목소리로 내게 물었다. "선생님, 저희 오늘 웃어도 되나요?"라고. 내가 "당연하지요"라고 답하자 그는 다음과 같이 말했다.

"저는 살인사건으로 남편을 잃은 지 3년 되었습니다. 아직도 남편이 대문을 열고 들어올 것만 같아 자다가도 벌떡벌떡 일어나요. 이렇게 힘든데도 요즘 들어서는 가끔 저도 모르게 웃고 있더라고요. 근데 참 이상하죠. 제가 힘들어할 때마다 '잊어, 산 사람은 살아야지', '그만 울고, 이제 웃어'라고 재촉하던 주변 사람이 막상 제가 웃으니까 뒤에서 욕을 해요. 그렇게 남편을 보내고도 좋다며 웃는다고. 그래서 될 수 있으면 사건 전부터 알고 지내던 사람들은 안 만나려고 해요. 새로운 사람들 만나도 오해받을까 봐 무서워서 제가 살인사건 유족이라는 말은 절대 안 해요. 근데요 선생님, 너무 비통하지만 그래도 가끔은 웃기도 해야 끝나지 않을 것 같은 이 고통스러운 시간을 그나마 버틸 수 있지 않을까요?"

많은 범죄 피해자가 내게 묻는다. "심리 상담을 받으면 사건 기억을 잊을 수 있나요?"라고. 안타깝게도 트라우마적 사건은 생존과 연결된 기억이기 때문에 결코 잊히지 않는다. 하지만 그 기억이 현재의 삶을 살아가는 것을 방해하지 않게 할 수는 있으며, 심리 상담이 그 과정을 도울 수 있다. 그래서 나는 그 질문에 이렇게 답하곤 한다.

"당신이 사건 기억을 잊게 만들 능력은 제게 없지만, 그 기억을 가지고도 주어진 삶을 계속하고자 애쓰는 당신을 곁에서 도울 수는 있을 것 같습니다."

살인사건 유족도 마찬가지다. '살인의 추억'이라는 영화는 있지만 유족에게 살인사건이 추억이 되는 일 따위는 결코 생기지 않는다. 그들에게 회복은 살인의 기억을 잊는다는 것을 의미하지 않는다. 그저 살인으로 가족을 잃은 비통함을 안고서도 지금-여기에서의 삶을 유지하는 정도를 의미할 뿐이다. 이런 그들에게 한순간 웃고 행복해하는 것에서조차 자격을 운운하는 일은 너무 냉혹한 것이 아닐까?

돈으로 계산되는 목숨값

국가는 형벌권을 독점한 만큼 범죄로부터 국민을 보호할 의무가 있다. 또한 범죄 피해가 발생했다는 것은 국가가 국민의 보호에 실패했음을 의미하므로 국가는 응당 피해자를 구제해야 할 의무가 있다. 이런 맥락에서 범죄피해자보호법에서는 범죄로 사망하거나 중상해를 입고도 범인으로부터 배상받지 못하는 경우, 국가가 피해자나 유족에게 범인 대신 구조금을 지급하도록 규정하고 있다. 인정하고 싶지는 않지만, 금전적 배상이 필요한 사건에서 자본주의 사회가 할 수 있는 최선은 피해 정도를 돈으로 환산해서 피해자 측에게 돈을 지급하는 것이다. 이렇게 구조금을 지급하는 궁극적인 목적은 피해자가 범죄의 충격에서 벗어나 건강한 사회 구성원으로 되돌아오게 돕는 것에 있다.

하지만 구조금 지급 과정이 살인사건의 유족에게는 고인의 목숨에 '값'을 매기는 상황으로 인식되곤 한다. 고인의 직업, 나이, 성별, 심지어 정규직 여부에 따라 배상금이 달라지기 때문이다. 그래서 구조금을 고인의 '목숨값'이라고 생각해 한 푼도 쓰지 못하는 유족이 적지 않다. 구조금 신청 자체를 포기하는 경우도 있는데, 대부분 죄책감이 원인이다. 어린 자녀가 실종되었다가 시신으로 발견된 사건의 유족은 어려운 형편에도 불구하고 그날 그 장소에서 아이의 손을 놓친 것에 대한 죄책감 때문에 끝내 구조금을 신청하지 않았다.

강도와 폭행치상, 그 끔찍함에 대하여

그 사람의 화난 얼굴이 내 앞에서 계속 왔다 갔다 해요. 그 생각이 나면 마치 그 당시로 돌아가고, 그때 맞았던 부위가 욱신거리면서 아파요. 너무 무섭고 도망가고 싶어요. 심장이 두근거리고 가슴이 답답하고 식은땀이 나요. 심지어 꿈속에서도 그 사람이 나타날 때가 있어요. 그러면 너무 놀라 잠에서 깨고, 다시 잠들지 못해요. 평생 사건에서 벗어나지 못할 것만 같아요.

_폭행치상 사건의 피해자 진술에서 발췌

강도는 폭행 또는 협박으로 타인의 재물을 강취하거나, 기타 재산상의 이익을 취하는 흉악 범죄다. 사건의 성질상 강도는 성폭행이나 폭행 그리고 상해를 동반하는 경우가 많다. 폭행은 범위가 매우 넓어서 상해, 심지어 피해자의 사망을 초래하는 경우도 있지만 눈에 띄는 신체적 상해가 없는 사건도 있다. 강도와 폭행 모두 외상 후 스트레스 장애(posttraumatic stress disorder, PTSD)를 유발할 가능성이 매우 높은데, 이런 경우 치상죄가 인정되어 범인이 더 중한 처벌을 받는다. 현재 여러 연구를 통해 PTSD가 겉으로 보이지는 않지만 신체의 중요한 부위 중 하나인 뇌의 손상에 따른 결과임이 반복 검증되었기 때문이다.[10]

범죄 피해로 초래된 후유증의 총량을 사건 유형에 따라 비교하는 일은 결코 쉽지 않다. 재난과 대형 참사와 달리 범죄 피해의 후유증에는 피해자가 지닌 요인과 범인의 특성, 사건 유형, 상황 변인 등이 복잡하게 뒤엉켜 영향력을 행사하기 때문이다. 이 때문인지 범죄 유형에 따른 후유증의 심각도 관련 연구 결과는 일관되지 않다. 하지만 범죄 트라우마 상담가로서 나의 경험에 비추어 볼 때, 사건 유형에 따라 후유증이 서로 다른 양상을 보이는 것은 비교적 분명하다.

강도와 폭행치상 피해자는 사건 직후 전형적인 급성 불안 증상을 더 강하게 드러내는 경향이 있다. 하지만 유족이 살인사건 당시 현장에 있었거나, 시신을 발견한 첫 번째 사람이거나 혹은 훼손된 시신에 무방비 상태로 노출되는 등의 예외적 상황을 제외하면 대부분의 경우 살인사건의 유족을 괴롭히는 주요 정서는 급성 불안과 공포보다 죄책감과 분노, 상실감, 비통함이다. 강간 피해자는 급성 불안과 함께 성적 수치감과 모욕감을 더 강하게 느끼는 경향이 있고, 그로 인한 사회적 고립과 철수가 다른 사건보다 더 빈번하게 관찰된다. 이는 폭행 피해자의 PTSD 진단율이 대략 38~39%로 강간(30~35%)과 살인사건(20~30%)보다 높다는 연구 보고와도 일치한다.[11]

낯선 사람에 의해 갑작스럽게 폭행을 당하면 특히 죽음의 공포가 유발될 가능성이 매우 높다. 적어도 피해자에게는 해당 사건이 폭행이 아닌 살인 미수로 경험되기 때문이다. 낯선 사람이

가게에 들어와 등 뒤에서 둔기를 휘둘러 안와 및 어깨뼈 골절상을 입은 피해자는 그 당시 죽음의 공포를 경험했을 뿐만 아니라, 사건 후 몇 주 동안 범인과 체격이 비슷한 남성의 얼굴에 범인의 얼굴이 겹쳐 보여 집 밖에 나갈 수 없을 정도로 심각한 급성 불안 증상에 시달려야 했다. 하지만 살인 의도가 전혀 없었다는 주장이 받아들여짐으로써 범인은 살인 미수가 아닌 폭행치상죄로 처벌되었고 피해자는 검사에게 항소[12]를 요청하지 않았다. 범인이 앙심을 품고 출소 후 보복할지도 모른다는 두려움 때문이었다.

불행 중 다행인 것은 이런 종류의 급성 불안이 심리학적 개입에 비교적 잘 반응해서, 아주 특별한 이유가 없는 한 대체로 빨리 호전된다는 점이다. 위 사건의 피해자는 3개월의 심층 심리 상담 후 외상 후 스트레스 반응이 크게 호전되었으며 6개월 뒤 상담을 종결할 수 있을 정도로 전반적인 기능이 회복되었다. 이후 여러 해가 지난 현재까지도 재발 증상 없이 비교적 잘 적응하며 지내고 있다. 범죄 피해자 상담 현장에서 이 정도의 회복 속도는 비교적 빠른 편에 속한다.

한편, 사건의 종류와 무관하게 피해 직후에는 PTSD 증상이 나타나지 않았다가 몇 주나 몇 개월, 심지어 여러 해가 지난 뒤에 갑자기 시작되는 경우가 있다. 이를 지연된 발병(latent onset)이라고 부르는데, 이는 피해자가 범죄로 유발된 공포와 두려움에 압도되는 것을 막기 위해 사건과 관련된 감정이나 기억을 억압하는 것, 즉 해리(dissociation) 증상과 관련이 있다. 해리란 분자나 소금 따위가 분리되는 현상을 일컫는 화학 용어다. 심리학에서는 자기 자신이나 주변 환경과 분리된 느낌 혹은 자기 정체감이나 기억에 대한 감각이 분열되는 현상(예: 다중인격장애, 해리성 정체감장애)을 일컫는 용어로 사용된다.

인간은 본능적으로 상황에 대한 통제감 상실을 강력한 위기로 인식한다. 따라서 통제감을 잃지 않기 위해 고군분투하며, 일시적으로 통제감을 잃으면 수단과 방법을 가리지 않고 가능한 한 빨리 회복하기 위해 노력한다. 자신의 의지와 무관하게 범죄 피해자가 된다는 것은 순식간에 통제감을 상실했음을 의미하며 이런 종류의 감각은 인간에게 극단적인 무력감과 공포감을 초래한다. 범죄 피해 트라우마에 대한 심리 상담의 초기 단계에서 통제감 회복을 촉진하기 위한 작업을 집중적으로 진행하는 것도 이 때문이다.

적지 않은 피해자가 범죄 피해 중이나 직후에 통제감 회복을 위해 무의식적이고 자동적으로 기억 억압이나 감정 분리를 시도한다. 이것이 성공하는 경우 감정이나 기억이 의식에서 분리되어 무의식에 억압(즉, 해리)되므로 일시적으로나마 안전감을 느낄 수 있다. 이 때문에 피해자들이 상당히 담담하고 차분해 보일 수 있으며, 이런 상태는 짧게는 몇 분에서 길게는 몇 년간 지속될 수 있다. 하지만 삶의 어느 지점에서 어떤 이유(예: 가해자를 길에서 우연히 만남)로든 억압되었던 트라우마 기억이 갑자기 돌아올 가능성은 항상 존재한다. 그리고 기억이 되살아나는 순간, 피해자가 사건 당시로 돌아간 듯한 감각과 함께 강렬한 심리적 혼란, 즉 PTSD 증상을 드러낼 수 있다.

온몸을 칼에 찔려 서지도 앉지도 눕지도 못하는 상태가 된 어느 피해자는 사건 후 수개월간 입원 치료를 받아야 했다. 그는 입원 내내 비교적 평온한 심리 상태를 유지했으며 자신을 걱정하는 부모를 되레 위로할 정도로 담담해 보였다. 하지만 퇴원 후 집으로 돌아온 그는 불면, 공포, 분노 등으로 고통스러워하기 시작했다. 건너편 차로에서 굉음을 내며 달리는 오토바이, 예고 없이 방문을 열고 들어오는 가족들, 심지어 식탁에서 나는 숟가락 달그락거리는 소리조차도 그를 공황 상태에 놓이게 했다. 신체적 통증 관리에 집중했던 그의 뇌가 이제 정서적 통증을 인식했기 때문이다. 이후 평가와 면담을 거쳐 그에게 지연 발병된 PTSD 진단이 내려졌다.

안타깝게도 폭력으로 영구적 장애가 남거나 얼굴을 포함해 사회적 또는 직업적 기능 유지에 부정적인 영향을 미칠 만한 신체 부위에 흉터가 남는 경우, 범인을 잡지 못했거나 범인이 보복할 가능성이 높게 추정되는 경우, 아동학대나 가정폭력 혹은 학교폭력과 같이 폭행이 일상에서 반복적으로 일어나는 경우, 혹은 2차 피해에 심각하게 노출된 경우에는 급성 증상이 회복되지 못하고 만성화될 수 있다. 피해자의 의사와 무관하게 수사와 재판 과정에 자주 혹은 깊이 관여해야만 하는 경우에도 후유증의 호전은 쉽지 않으며 시간 경과에 따라 악화와 호전을 반복하기도 한다.

대낮 대로변에서 일면식도 없는 사람이 다가와 갑자기 폭행해 심각한 뇌 손상을 입은 사건에서, 범인이 '피해자가 폭력을 유발했다'는 억지 주장을 하는 바람에 피해자는 수사기관에 여러 차례 출석해 조사받아야 했다. 억울함 때문에 공판일마다 법정에 가서 범인이 어떤 거짓말을 하는지 확인하느라 자주 휴가를 내야 했다. 직장인인 그에게 휴가를 쓰는 것은 적잖이 눈치가 보이는 일이었는데, 설상가상 뇌 손상 후유증과 수사 및 재판 과정 중에 받은 과도한 스트레스 때문인지 전보다 업무 효율성도 현저히 떨어졌다. 결국 그는 자의 반 타의 반으로 퇴사해야 했고, 이후 극심해진 경제적 곤란으로 부부 갈등이 심화되었으며 심리적 후유증은 좀처럼 회복될 기미가 보이지 않았다.

영혼에 새기는 낙인, 성적 폭력

오프라인 성폭력

H는 30대 초반의 직장인으로 작은 원룸에서 혼자 살고 있었다.

특별한 일이 없는 한 오후 7시경 귀가해서 저녁을 먹고 혼자 느긋하게 소파에 누워 드라마나 영화를 보는 것이 일상이었다. 그날도 H는 퇴근길에 간단하게 장을 본 뒤 귀가했고, 평소처럼 저녁 준비를 위해 앞치마를 두른 뒤 개수대 앞에 섰다. 그 순간 누군가 등 뒤에서 그를 끌어안은 후 입을 틀어막았다. 당황한 H가 자기도 모르게 비명을 질렀고, 범인은 성폭행을 시도했다. 잠시 후 비명을 들은 이웃이 H의 현관문을 세게 두들겼고, 그 소리에 놀란 범인은 창문을 통해 도주했다. 경찰 조사 과정에서 당일 범인이 창문을 통해 미리 침입한 후 커튼 뒤에 숨어 H가 귀가하기를 기다리고 있었음이 드러났다. 범인은 끝내 잡히지 않았고, H는 공포감 때문에 하루도 그 집에서 살 수 없어 도망치듯 이사했다. 이사 후에도 귀가하자마자 커튼 뒤와 옷장 속을 일일이 확인하는 행동을 오랫동안 반복해야 했다.

그간의 경험을 비추어 볼 때 H는 몹시 운이 좋았다! 성폭행 피해 중에 비명을 듣고 이웃이 달려와 문을 두드렸을 뿐만 아니라 당황한 범인이 창문을 통해 도주했으니 말이다. 하지만 모든 피해자가 그처럼 운이 좋은 것은 결코 아니다. 현장에서는 한 번도 경험해 보지 못한 위험 상황에 놓인 탓에 비명조차 지르지 못하고 얼어붙는 피해자를 적지 않게 만나며, 비명을 지르는 것과 같은 행동이 범인을 자극해 더 큰 피해를 초래한 사건도 드물지 않게 마주한다.

2012년에 발생한 한 살인사건에서, 전자발찌를 착용하고 있던 범인이 주거지에 침입해 귀가한 피해자를 성폭행하려고 하자 피해자가 비명을 지르며 저항했다. 그로 인해 자극받은 범인은 그를 무차별 폭행했고, 비명을 들은 이웃이 경찰에 신고했다. 그리고 잠시 뒤 경찰이 현장에 도착해 현관문을 두드렸다. 피해자는 "살려주세요" 소리를 지르며 현관문을 향해 달려갔다. 하지만 그는 끝내 그 문 밖으로 나올 수 없었다. 흥분한 범인이 피해자를 살해했기 때문이다.

놀랍게도 성폭행을 면하기 위해 목숨을 걸었던 그에 대한 세상의 평가는 극명히 갈렸다. 한편에서는 폭행 중에 그가 겪었을 극도의 공포와 고통에 대한 공감과 연민이 고조되었지만, 다른 편에서는 그깟 성적 순결성이 뭐라고 목숨까지 바치면서 지키려 애를 쓰느냐는 식의 조롱이 고개를 쳐들었다. 성폭력 사건에서 피해자가 육체적 순결을 지키기 위해 목숨을 걸고 저항하지 않았다고 판단되면 즉각적으로 피해자의 동기가 의심받는 것이 현실임을 감안할 때, 일부 대중의 이러한 반응은 너무도 역설적이고 무자비했으며 유족의 가슴에 회복될 수 없는 상처를 남겼다.

성폭행 피해자는 다양한 이유로 목숨을 걸고 저항하거나 소리를 질러 도움을 청하지 못하곤 한다. 개인에 따라 자신에게 벌어지는 일이 '성폭행'임을 인식하는 것에 적지 않은 시간이 필요할 수 있으며(상황 파악 후에는 이미 늦어버릴 수 있다), 인식했다고 해도 당황해 저항하지 못하기도 한다. 심지어 성폭행당하는 자신의 모습을 사람들이 목격하는 것이 수치스럽고 무서워서, 도움을 청하기는커녕 숨죽여 조용히 있거나 잠자는 척하기도 한다.

더욱이 도움을 청하더라도 항상 누군가 도움의 손길을 뻗는 것도 아니다. 퇴근길에 낯선 사람이 갑자기 나타나 피해자를 도로변 풀숲으로 끌고 가 성폭행한 사건에서, 피해자가 살려달라고 소리를 질렀지만 행인들은 비명을 듣고서도 제 갈 길을 가기에만 바빴다. 사람들의 이러한 행동이 피해자에게는 성폭행 피해 못지않은 충격이었으며, 그로 인해 생겨난 인간에 대한 불신과 원망감은 사건 후에도 오랫동안 사그라지지 않았다.

여러 연구에 따르면 일반적으로 성적 폭력, 특히 강간의 급성기 후유증이 다른 사건보다 더 심각하다.[13] 주목할 만한 것은 강간 사건 중에서도 범인이 피해자와 아는 관계에 있는 경우 피해자의 후유증이 더 심각하다는 점이다. 이는 아는 사람에 의한 강간 사건에서 피해자들이 더 많은 2차 피해에 노출되며, 그로 인해 더 심각한 심리적 고통을 경험한다는 것을 시사한다.

수사기관에 신고 혹은 고소를 하는 것이 성공적인 법적 처벌을 가능케 함으로써 피해자에게 최선의 이익이 된다는 사회 인식과 달리, 현실에서 성폭력 고소는 형사사법기관에서 낯선 용어로 자신이 성폭력 피해자임을 스스로 증명해야 하는 고된 과정의 시작에 불과하다.[14] 이는 성폭력 사건에서 유독 피해자의 진술 외에 객관적 증거가 없는 경우가 많기 때문이다. 결국 유일한 증거인 피해자의 진술 신빙성이 실체적 진실 규명에 절대적으로 중요해질 수밖에 없으며, 같은 이유로 피해자들이 2차 피해를 당할 가능성이 훨씬 더 높아진다.

여기서 잊지 말아야 할 점은 많은 피해자가 범죄 자체(즉, 1차 피해)보다 2차 피해를 더 고통스럽게 경험한다는 것이다. 아주 특별한 경우가 아닌 한 1차 피해는 대부분 가해자 1명에 의해 한시적으로 자행된다. 하지만 2차 피해는 일상에서 빈번하게 마주치는 다수의 사람, 심지어 가족이나 친구에 의해 일어나며 대부분 오래 지속될 뿐만 아니라 시간 경과에 따라 진화하기도 한다. 이런 종류의 트라우마는 정신을 황폐화하며 회복 의지를 꺾기에 충분하다.

길들이기 성폭력

길들여진다는 것은 관계를 맺는다는 뜻이에요. (중략) 당신이 나를 길들인다면 우리는 서로에게 필요한 존재가 돼요. 당신은 나에게 이 세상에서 단 하나밖에 없는 유일한 존재가 될 것이고, 나 역시 당신에게 이 세상에 하나밖에 없는 여우가 될 거예요.

_앙투안 드 생텍쥐페리, 《어린 왕자》에서 발췌

소설 《어린 왕자》에서 여우가 어린 왕자에게 자신을 길들여 달라고 했듯,[15] 우리에게 길들이기는 관계를 맺고 유지하는 중요한 수단이다. 우리는 누군가를 길들이고 누군가에게 길들여지면서 집단을 형성하고 그 안에서 안전감을 느끼며 살아간다. 길들이기는 때로 양육이라는 이름으로, 때로는 교육이라는 이름으로 진행되며 이를 통해 인류는 소속 문화의 가치를 습득해 공동체의 일원으로 살아가게 된다. 그뿐만 아니라 성인 간의 건강한 낭만적 관계에서 길들이기는 호혜적인 관계의 형성과 유지에 기여하며 상호적인 성 접촉의 맥락이 된다.

성폭력, 특히 아동 대상 성폭력에서 가해자가 친절, 관심, 물질적 보상, 특별대우, 강요 등의 미끼를 활용한다는 것은 이미 잘 알려져 있다. 적지 않은 아동이 이러한 행위를 양육이나 돌봄과 혼동하며, 결과적으로 성폭력 피해자가 되고도 폭로하지 못하거나 자신이 피해자임을 인식조차 하지 못한다. 이러한 현상을 설명하기 위해 1985년에 성적 길들이기(sexual grooming)라는 용어가 처음 사용된 이래로 이 용어는 비정상적인 성 행동 패턴을 분석하는 심리학자들에 의해 널리 사용되고 있다.

성인도 성적 길들이기의 대상이 될 수 있다. 하지만 흔히 가해자들은 아동, 그중에서도 취약점이 있어 길들이기 수월하고 발각될 가능성이 낮은 아동을 표적으로 삼기를 선호한다.[16] 낭만적 관계와 달리 성적 길들이기(혹은 그루밍 성범죄)에서는 두 사람의 관계가 평등하거나 상호적이지 못하며 그 목적도 사랑의 확인이 아니고 상대를 성적 도구화하는 것에 있다.

학자에 따라 차이가 있기는 하나 길들이기는 크게 자기, 아동, 그리고 환경 영역에서 진행된다.[17] 자기 길들이기는 가해자가 아동 길들이기에 앞서 자신의 내적 억제를 극복하기 위해 스스로를 길들이는 과정을 일컫는다.[18] 자기 길들이기의 첫 번째 전략은 범행의 외부 기인이다. 가해자는 자신과 함께하는 성적인 행위를 아동이 **즐겼다**고 믿는다. 그뿐만 아니라 하향 비교를 통해 자신보다 더 학대적인 사람도 있으며 더 끔찍한 일도 벌어질 수 있다고 생각하면서 자신의 범행은 상대적으로 나쁜 짓이 아니라고 확신한다. 또한 자신의 욕구 충족과 고통에는 민감하게 반응하는 반면 성폭행으로 인한 아동의 고통에 대해서는 놀라울 정도로 둔감하다.

두 번째 전략은 무능력감이다. 대부분의 가해자는 발각 시 성폭력이 계획된 것이 아니며 단지 '하필' '그때' 성 충동을 **제어할 힘이 없었을 뿐**이라고 주장한다. 심지어 아동이 너무 사랑스러워서 혹은 아동이 자신과의 성 접촉을 너무 원해서 참을 수 없었다고 변명하기도 한다.

마지막 전략은 범행 여부를 결정하기 위한 손익 분석이다. 가해자들은 발각됨으로써 치러야 할 비용과 범행을 통해 얻을 이익을 계산한다. 많은 사람이 성폭력의 원인으로 피해자의 생김새나 옷차림, 행실 등을 꼽곤 하지만 성폭력의 진짜 원인은 범인이 그 사람을 표적으로 정한 것이며, 표적 선정 시 범인이 가장 중요하게 고려하는 것은 피해자의 특성이 아닌 **발각 가능성**이다.

아동 길들이기의 핵심 목적은 의심받지 않고 아동과 성적으로 접촉하는 것이다. 이를 위해서는 가해자가 아동과 접촉할 기회가 많아야 하고, 아동이 함께 시간을 보내고 싶어 할 정도로 가해자가 매력적이어야 한다. 따라서 가해자는 아동과 접촉해 친절하고 인자한 모습으로 호의를 베풂으로써 아동을 유혹하며, 포옹이나 볼에 입 맞추기 혹은 등 토닥이기와 같은 가벼운 신체 접촉으로 시작해 점진적으로 성적 수위를 높여감으로써 아동을 성적으로 준비시킨다.[19] 이 때문에 아동은 성폭력 행위와 정상적인 돌봄을 구분하지 못하며, 결국 보호자에게 도움을 청할 적절한 시기를 놓친다.[20]

성적 길들이기 사건에서 가해자는 교묘하게 경계를 침범하고 환경을 조종하며 성 접촉을 정상화함과 동시에 넌지시 피해자를 비난하고 협박함으로써 폭로를 억제한다. 이러한 복잡한 역학 때문에 길들이기 성폭력은 무력을 사용해서 행해지는 성폭력보다 더 심각한 후유증을 초래한다.[21] 오랜 시간에 걸쳐 서서히 길들이기가 진행되기 때문에 급성 스트레스 반응이 상대적으로 적은 대신 자기상의 손상, 우울, 죄책감, 무가치감, 무력감, 성적 문제 행동, 자해 등과 같은 만성 증상은 더 심각한 것으로 보고된다.[22] 아동이 범인이 집착했던 자신의 특정 신체 부위에 대한 혐오나 불쾌감 혹은 수치심을 발달시키는 경우도 있다.[23]

그뿐만 아니라 잘 길들여진 아동은 적절하고 도덕적인 성과 부적절한 성을 혼동하며 상대방을 조종하기 위해 전략적으로 성을 이용하게 될 수 있다. 이를 성애화(sexualization)라고 하는데, 이것이 무분별한 성적 행동과 성매매 등의 원인이 된다는 보고가 다수 존재한다. 가해자가 자기합리화를 위해 했던 말("너를 위해 하는 거야", "네가 이걸 원했잖아", "내가 너를 도와주는 거야")을 아동이 그대로 내면화해서 자신을 성적으로 문란한 존재라고 생각하거나, 인지 부조화를 해결하는 과정에서 범인을 '좋은 사람'으로 이상화하기도 한다.

이러한 경험이 좋은 접촉과 나쁜 접촉을 구분하는 능력을 손상함으로써 건강한 이성 관계의 형성과 유지를 어렵게 만들며, 불신과 과잉 신뢰의 사이를 아슬아슬하게 오가면서 아동이 스스로를 성적 피해자가 되도록 위험한 상황에 내몰기도 한다.[24] 하지만 성적 길들이기가 성인과 아동 간의 정상적인 관계와 유사하고 가해자가 성적 동기를 철저히 숨기기 때문에 조기 탐지가 쉽지 않다.

디지털 성폭력

디지털 기기와 정보통신기술을 매개로 동의 없이 신체 일부를 촬영하거나 (동의 여부와 무관하게) 유포 또는 유통과 유포를 하겠다고 협박하는 경우, 그리고 사이버 공간 내에서 성적인 괴롭힘을 행사하는 경우를 일컬어 디지털 성폭력이라고 한다. 성폭력범죄의 처벌 등에 관한 특례법 제14조 카메라 등을 이용한 촬영, 제14조의2 허위 영상물 등의 반포 등, 제14조의3 촬영물 등을 이용한 협박과 강요죄가 여기에 포함된다.

대검찰청에서 발표한 '2019년 범죄분석' 보고서에 따르면 지난 10년간 다른 유형의 강력범죄(흉악)는 감소 추세인 데 반해 성폭력 범죄는 약 1.5배 증가했다. 놀랍게도 그 원인이 카메라 등 이용촬영 범죄를 포함한 디지털 성범죄의 급증이었다. 이처럼 디지털 성범죄가 급증하는 것은 비단 우리나라만이 아니라 전 세계적인 추세인 것 같다.[25] 심지어 호주와 뉴질랜드 그리고 영국에 거주하는 16세에서 64세 사이의 국민을 대상으로 한 연구에서는 응답자 3명 중 1명이 디지털 성폭력 피해를 보고한 것으로 나타났다.

관련 연구가 미미하기는 하나, 그간의 경험상 디지털 성폭력 피해자가 겪는 후유증은 오프라인 성폭력 사건과 다소 다른 결을 지니는 것 같다. 무엇보다 고통의 정도가 오프라인 성폭력보다 더 강하고 오래간다. 사이버 공간은 전파 속도가 매우 빨라서, 피해자가 1차 피해 사실을 인지한 시점에서는 이미 영상이나 사진이 널리 유포된 뒤일 가능성이 높기 때문이다. 이는 유포된 음란물의 완전한 삭제가 사실상 불가능함을 의미하며, 피해자는 누군가가 자신의 가장 사적인 모습을 즐겨 보고 있을지도 모른다는 공포에서 영원히 벗어날 수 없음을 시사한다.

그뿐만 아니라 적지 않은 피해자가 자신의 피해 사실을 지인, 심지어 가족이나 연인을 통해 알게 된다. 이는 피해자를 알아볼 만한 다수의 사람이 피해자의 가장 사적인 모습을 관람했음을, 그리고 그들이 오프라인에서 피해자를 알아볼 가능성이 있음을 의미한다. 이것은 피해자에게 감당하기 힘들 정도의 수치감과 공포감을 유발한다. 어떤 피해자는 지인을 통해 피해 사실을 알게 된 후 주민등록번호, 이름, 직장, 주거지, 그리고 성형으로 얼굴까지 바꿨지만 여전히 누군가 자신을 알아볼지도 모른다는 공포감 때문에 반복적으로 악몽에 시달려야 했다.

그럼에도 불구하고 디지털 성폭력의 신고율과 범인 검거율은 매우 낮다. 이는 사건의 특성상 범인을 특정하기가 결코 쉽지 않은 일이며 범인을 특정하지 못하면 고소장은 접수조차 할 수 없기 때문이다. 상식적으로야 경찰에 신고하면 경찰이 수사를 통해 범인을 특정하고 검거해 주리라 기대할 수 있으나 (적어도 현재까지는) 그러한 기대는 그저 기대에 불과할 뿐이다. 운 좋게 범인을 특정한다고 해도 수사와 재판 과정에서 피해자는 오프라인 성폭력 못지않은 심각한 2차 피해에 노출되곤 한다. 무엇보다 음란물 속 인물이 피해자인지 확인하기 위해 여러 명의 수사관이 사진이나 영상을 면밀히 분석하는 상황이 벌어지는데, 드물지만 이런 절차가 피해자의 면전에서 이뤄지는 경우도 있다.

심지어 피해자가 미성년자이면 사건을 알리는 과정에서 수사관이 피해자의 부모에게 음란물을 직접 보도록 한다. 이런 경험은 부모에게 매우 충격적이어서, 적지 않은 심리적 후유증을 남긴다. 수사기관을 통해 자녀의 성적 신체 부위가 노출된 사진들이 온라인에 유포되고 있다는 연락을 받은 어느 어머니는 본인 확인 과정에서 수사관이 제공한 자녀의 성적 사진들을 보아야만 했다. 이때 본 사진들은 어머니의 기억에 강력하게 저장되어 자녀를 볼 때마다 반복해서 떠오르기 시작했다. 안타깝게도 어머니는 그때마다 강한 수치감과 성적 불쾌감을 재경험해야 했고 자녀에 대한 분노와 실망감으로 오랫동안 고통스러워해야 했다.

디지털 성폭력의 유형은 매우 다양하다. 비동의 촬영 후 몰래 유포하는 사건이 많기는 하나, 최근 들어 동의를 받아 촬영한 음란물을 동의 없이 유포하거나 유포하겠다고 협박하는 사건도 적지 않다. 성관계 장면을 촬영하겠다는 연인의 거듭된 요구를 '촬영 즉시 삭제'를 조건으로 마지못해 동의했던 어느 피해자는 이별하는 과정에서 상대방으로부터 '헤어지는 경우 성관계

동영상을 가족과 친구들에게 퍼뜨리겠다'는 협박을 받았다. 그제야 피해자는 당시 촬영했던 동영상이 범인의 클라우드에 업로드되었음을 알게 되었다. 이런 유형의 범죄는 적지 않게 보고되는 편이며, 범인이 실제로 영상물을 가족에게 보내어 피해자가 가장 바라지 않는 일, 즉 가족이 알게 되는 일이 일어나기도 한다.

적어도 비장애 성인이 자신의 성관계를 촬영하거나 녹음하거나 사진으로 남기는 것은 그 사람의 '자유'다. 물론 누군가는 그런 행위를 혐오할 수 있지만 자신과 다른 견해를 가진다고 해서 그 사람을 비난할 자격이 생기는 것은 결코 아니다. 같은 맥락에서 설사 동의하에 촬영했다고 해도 그것을 동의 없이 유포하는 것은 피해자의 책임이 아니며 유포한 사람, 즉 범인의 잘못이어야 한다. 하지만 우리 사회에는 동의하에 촬영한 동영상의 비동의 유포 책임도 피해자가 져야 한다는 생각이 팽배하며, 이것이 피해자들을 나락으로 내몰곤 한다. 이는 자해와 자살률이 오프라인 성폭력보다 디지털 성폭력 피해자 집단에서 유의미하게 높다는 여러 보고에서도 잘 드러난다.[26]

불이 낳은 꺼지지 않는 공포

"가을이 되면 동대문의 작은 옷가게에 점원으로 취직해서 일을 다
시 시작해 볼까 해요."

심각한 화상을 입고 수차례 피부 이식 수술을 받았음에도 땀
분비를 통한 자가 체온 조절이 불가능해서 더운 날에는 집 밖을
나갈 수 없는 상태였던 방화 사건의 피해자가 수소문 끝에 집으
로 찾아간 나에게 활짝 웃어 보이며 한 말이다. 이 말을 들은 나
는 찾아오길 잘했다고 뿌듯해하면서 피해자의 자기 치유력을
듬뿍 칭찬해 주었다. 하지만 그것이 끝이었다. 그 후 그는 나를
포함한 외부인과의 접촉을 전면 거부했고, 얼마 뒤 연락처를 바
꾸었다.

방화란 의도적으로 자기 또는 타인의 건물이나 재산에 불
을 지르는 행위를 말한다. 법무연수원에서 2020년에 발간한 범
죄백서에 따르면 2018년 한 해 동안 강력범죄(흉악) 중 방화는
1,478건으로 살인(849건)과 강도(841건)보다 훨씬 높은 비율을
차지한다. 물론 1,478건 모두가 소위 '안인득 방화사건'처럼 살
인을 목적으로 행해지는 것은 아니다. 하지만 방화 범죄 전문가
들은 방화가 살인보다 더 잔혹한 범죄라는 것에 동의한다. 이
와 관련해서 미국의 방화 범죄 수사관인 스티븐 아바토(Steven

Avato)는 다음과 같이 주장한 바 있다.[27]

"방화 범죄는 살인보다 더 나쁜 결과를 초래한다. 만약 내가 총으로 누군가를 살해하고자 한다면, 죽이고자 하는 사람뿐만 아니라 무고한 사람까지 죽일 위험성이 존재하기는 하나 그것은 총알이 있을 때만 그렇다. 이와 달리 불은 가연성 소재와 산소가 존재하는 한 언제까지라도 계속 꺼지지 않고 피해를 초래할 수 있다."

방화로 주거지가 소실되거나 손상된 피해자들은 사건 후 갈 곳을 찾아 헤매야 한다. 국가에서 제공하는 임시 주거시설이 있기는 하나 가정폭력과 성폭력 피해자가 아닌 한 입소할 수 있는 시설은 극히 제한적이다. 더욱이 삶의 터전을 잃은 상실감은 헤아릴 수 없이 크며 새로운 환경에 적응하는 것도 녹록지 않다. 그뿐만 아니라 화재 장면을 목격한 경우 불타오르는 장면이 뇌리에 박혀 지워지지 않거나 이유 없이 불에 타는 냄새(즉, 환후)를 경험하기도 한다.

방화로 사랑하는 사람을 잃은 유족은 역설적으로 '불에 타는 통증'이 어떤 것인지를 이해하기 위해 고군분투하는 경향을 보이기도 한다. 방화 사건으로 딸을 잃은 어느 아버지는 밤마다 큰 불이 나서 모든 것을 삼켜버리는 악몽에 시달렸으며 인터넷으로 불에 타는 고통을 검색하는 것에 몰두했다. 딸이 연기로 인해

질식사한 것으로 보인다는 부검의 소견은 아버지의 강박 행동 감소에 아무런 도움도 되지 않았다.

2019년 남편이 이혼을 요구하는 아내를 찾아가 딸과 아내의 몸에 휘발유를 뿌린 뒤 도망가는 아내의 몸에 불을 붙인 사건에서, 딸은 불에 타는 고통으로 몸부림치는 어머니를 두 눈으로 그저 지켜보는 것 외에 아무것도 할 수 없었다. 어머니에게 다가가는 경우 상황이 더 나빠질 수 있었기 때문이다. 눈앞에서 어머니가 불타오르는 장면을 보는 것은 딸에게 상상도 할 수 없을 만큼 끔찍한 정신적 고통을 야기했다.

더 끔찍한 일은 그 후에 일어났다. 경찰에 검거된 범인이 딸에게 '너 때문에 엄마에게 불을 붙였다'고 책임을 전가한 것이었다. 물론 이것은 범인이 딸을 괴롭히기 위해 꾸며낸 거짓말일 가능성이 높다. 하지만 딸은 범인의 그런 근거 없는 비난을 그대로 받아들였고, 자기 때문에 어머니가 살해되었다는 생각에 사로잡혀 죽음보다 더한 고통에 시달려야 했다.

불을 지배하면서 문명이 시작되었다고 해도 과언이 아닐 정도로 불은 인류에게 매우 중요하다. 어둠을 밝히는 것도 불이고, 추위를 막아주는 것도 불이며, 먹거리를 안전하게 그리고 맛있게 해주는 것도 불이다. 하지만 모든 것을 재로 만들어버릴 힘을 가진 것도 불이다. 우리의 무의식 깊숙이 불에 대한 공포가 자리한 것도 이 때문이리라.

현장에서 아동을 대상으로 안전교육과 성폭력 예방교육을 하는 경우 제삼자의 도움이 필요할 때 "불이야!"라고 외치라고 한다. '불이 났다'는 것이 사람들에게 강렬한 공포감을 일으킴과 동시에 주의를 끌기에 충분하기 때문이다. "불이야!"라고 소리를 지르면 대부분 사람이 겁을 먹고 소리가 나는 쪽으로 고개를 돌리기 때문에 도움을 받을 가능성이 높아진다.

살인을 목적으로 한 방화가 아니더라도, 심지어 방화로 인한 재산상 피해가 크지 않더라도 방화는 본능적인 두려움을 촉발하는 끔찍한 사건이며 그만큼 후유증도 심각하다. 방화로 사랑하는 사람을 잃는 것은 최악의 경험으로 '죽느니만 못한 삶'을 피해자에게 안겨준다. 방화 생존자는 정신적 고통에 더해 화상 흉터와 전쟁을 치러야 하며, 흡입한 연기로 초래된 폐 질환 등으로 고통받아야 하는 경우도 많다. 192명의 목숨을 앗아간 대구 지하철 화재 참사 생존자들이 20년 가까운 세월이 흐른 지금도 트라우마에 갇혀 고통스러운 삶을 이어가고 있다는 안타까운 소식은 방화 범죄의 끔찍함을 잘 보여준다.

나가며

해마다 약간의 변동이 있기는 하나, 우리나라에서 연간 형법 범죄 발생 건수는 인구 10만 명당 1,900~2,000건가량이다.[28] 기대수명을 감안할 때 이는 국민 한 사람이 평생 살아가면서 형법 범죄의 피해자가 될 가능성이 1이 넘는다는 것을 의미한다. 물론 다양한 이유로 1명의 피해자가 반복적으로 범죄에 노출될 가능성이 존재하기 때문에, 평생 형법 범죄에 노출되지 않고 안전하게(?) 살아가는 사람들이 없지 않다. 하지만 누구나 살아가는 동안에 예기치 않게 그리고 아무런 잘못도 없이 범죄의 피해자가 될 가능성은 항상 존재한다.

그러니 더욱더 조심하며 살자는 이야기는 아니다. 그러니 더욱 주변 사람을 의심하며 불안해하자는 이야기도 아니다. 그러니 누군가 범죄 피해자가 되었을 때 우리의 일부가 상처 입었다고 생각하고 그 아픔을 건강한 방식으로 공감해 주자는 말이고, 그들이 잘 회복해서 건강한 이웃으로 돌아오도록 돕자는 말이다. 여러 연구에서 범죄 영향을 벗어나는 데 가장 큰 도움이 되는 요인이 '주변의 지지'임을 공통되게 보여준다. 이 말은 이 책을 읽는 당신이 범죄 트라우마로 고통받는 누군가를 도울 유일한 자원일지도 모른다는 뜻이다.

헤밍웨이의 장편소설 제목으로 더 잘 알려진 "누구를 위하여 종을 울리나". 사실 이 문장은 존 던(John Donne)의 시 제목이다. 던이 살던 시대에 전염병이 창궐해 무수히 많은 사람이 사망했고 그때마다 교회 종이 울렸다. 그래서 교회의 종소리가 들릴 때마다 던은 누가 죽었는지를 궁금해하곤 했는데, 어느 날 던 자신도 그 전염병에 걸려 병석에 눕게 된다. 그제야 던은 누군가의 죽음을 알리는 종소리가 사실은 우리 모두를 위한 애도의 종소리임을 깨닫고 이 시를 지었다. 지구라는 행성에 서식 중인 인간은 어떤 식으로든 서로 연결된 운명 공동체다. 그러니 굳이 던의 시를 빌리지 않더라도 누군가의 비운이나 죽음은 결코 나와 무관한 것일 수 없다.

타인의 아픔에
공감한다는 착각

●●●

"상식은 18세 때까지 후천적으로 얻은 편견의 집합
이다."

_알베르트 아인슈타인

폭염과 고군분투하느라 미뤄두었던 일들을 서둘러 처리한 후 잠시 찾아온 휴식. 모처럼 게으름을 피워볼 작정으로 TV를 틀었는데 연쇄 살인범 유영철을 다루는 프로그램이 방영되고 있었다. 그가 무고한 시민 20명을 무참히 살해한 후 검거된 이래 20년 가까운 세월이 흘렀음에도 자극적인 소재가 필요할 때마다 그를 반복 소환하는 것을 보면, 매체를 다루는 이들에게 유영철은 참으로 매력적인 재료인 것 같다. 하지만 나는 바로 자연 다큐멘터리로 채널을 돌렸다. "뭐, 어쩌라고?" 혼자 중얼거리면서.

언론이 수십 년 전 살인사건을 현재로 소환하면서까지 범죄의 잔혹함을 반복적으로 강조하는 것은 아마도 대중이 그런 종류의 정보에 이끌릴 수밖에 없음을 알기 때문이리라. 그렇다면 대중은 왜 그런 정보에 끊임없이 매력을 느낄까? 굳이 거창한 심리학 이론을 언급하지 않아도, 우리는 모두 이러한 반응이 생존 본능과 연결된 것임을 직관적으로 안다. 언제, 어떤 상황에서 범죄가 발생했는지를 아는 것이 미래에 일어날지도 모를 범죄로부터 자신을 보호하는 데 도움이 되는 것이 분명하니까.

하지만 많은 사람이 범죄 피해자가 되지 않기 위해 '범죄자'와 관련된 정보에 촉각을 곤두세우면서도 정작 피해자가 되면 어떤 일이 벌어지는지에는 놀라울 정도로 무관심한 것 같다. 이는 우리의 뇌가 공포에 반응하는 세 가지 방식인 '맞서 싸움(fight), 도주(flight), 얼어붙어 버림(freezing)'과 일부 관련 있다. 이 반응을 결정하기 위해 필요한 것은 '범죄'에 대한 정보일 뿐, 피해자가 사건 후 무엇을 경험하는지는 크게 중요하지 않다.

그럼에도 역설적이게 많은 사람이 자신의 일상 경험을 토대로 범죄 피해자의 생각과 감정을 추측하며 그것을 **이해**라고 착각함으로써 무수히 많은 **오해**를 양산한다. 심지어 피해자가 예상보다 더디게 회복하면 무능하거나 게으른 사람이라 비난하고, 예상보다 빠르게 회복하면 피해자답지 못하다고 손가락질하기도 한다. 안타까운 것은 이러한 오해가 편견을 형성하고 그것이 피해자에 대한 2차 가해의 원인이 된다는 점이다. 범죄 자체보다 피해자를 더 고통스럽게 만드는 대표적인 몇 가지 오해와 편견을 살펴보자.

권선징악이라는 덫

아이가 그렇게 허망하게 죽은 건 모두 제 탓이에요. 저는 태어날 때
부터 문제 있는 아이였어요. 부모님은 시간만 나면 싸웠고 그 사이
에서 저는 어린 동생들을 데리고 숨고 도망 다니고 변명해야 했어
요. 그러다가 어느 순간 깨달았어요. 제가 불행해야만 하는 사람이
라는 것을요. 그런데 지난 10년간 결혼을 하고 아이를 낳아 기르면
서 저도 모르게 행복감을 느꼈어요. 저는 행복하면 안 되는 사람이
었는데, 제가 주제넘게 행복을 누리는 바람에 그 벌로 신이 내 아이
를 허망하게 데려가신 것 같아요.

_살인사건 유족의 진술에서 발췌

많은 피해자가 범죄 발생 후 한동안 사건의 원인을 자신에게
귀인(attribution)하며 자책한다. 물론 적어도 머리로 '범죄를 당
해도 마땅한 사람은 없으며 범죄 표적이 된 것이 피해자의 탓이
아니라는 것'을 모르는 사람은 없다. 하지만 피해 당사자가 되면
그러한 생각을 계속 유지하기가 결코 쉽지 않다. 대다수의 피해
자는 마치 '내 탓이어야만 한다'고 강박적으로 생각하는 사람처
럼 자기 자신에게서 범죄 원인을 찾아내려 무진 애를 쓴다.

그들의 '자기 탓'은 누가 봐도 비합리적이지만 어떤 논박도 그
러한 오류를 바로잡는 데 도움이 되지 않는다. 심지어 경험 많은

트라우마 상담가조차도 "자기 탓인 것 같아 괴로우시군요"라는 말로 공감을 표현하는 것 외에 할 수 있는 것이 없을 때가 많다. 물론 그러다가 갑자기 분노 모드로 전환되어 주변 사람에게 적대적이고 까다로우며 민감한 반응을 보이기도 하지만, 대부분 얼마 지나지 않아 다시 죄책감 모드로 전환되어 자기 괴롭히기를 계속한다.

범죄 피해자뿐만 아니라 많은 사람이 비참하고 고통스러운 일을 겪으면 스스로를 책망하곤 하는데, 이는 통제감 회복을 위한 노력의 결과일 수 있다. 누구나 삶에 대한 통제감을 느낄 수 있어야만 안정적으로 삶을 영위하며 비로소 변화를 수용할 용기를 낸다. 또한 낯선 상황에 놓이면 자칫 통제감을 잃을 수 있기 때문에 인간뿐만 아니라 대부분의 유기체는 익숙한 것이 가장 안전하다는 믿음을 형성한다. 결과적으로 좋은 일이든 나쁜 일이든 상관없이 '새로운 상황'을 달가워하지 않는 경향이 있다.[1]

하지만 범죄 피해자가 되는 순간 평범했던 일상은 파괴되고 이전과는 완전히 다른 낯선 세상으로 던져지는 것과 같은 감각을 경험한다. 그와 함께 경험되는 강렬한 공포와 불안은 통제 가능한 수준을 넘어서며 피해자를 급속도로 무력화한다. 죄책감은 그에 대한 반동형성으로, 통제감 회복을 위한 몸부림의 일부다. 사건 후 발 빠르게 죄책감 모드로 사고를 전환해 '내가 잘못해서 나쁜 일이 생겼다'고 생각할 수만 있다면, 그 대가로 '앞으로 내가 그런 잘못을 다시 범하지 않는 한 더 이상 나쁜 일이 생기지 않을 것'이라는 감각, 즉 통제감을 돌려받을 수 있기 때문이다.

이런 전략은 적어도 범죄 피해 직후에는 제법 쓸모가 있어서 피해자가 주어진 상황을 객관적이고 합리적인 시각으로 이해하고 대응하는 데 필요한 내적 힘을 회복할 시간을 벌어주기도 한다. 이 때문에 사건 직후 피해자가 보이는 죄책감을 존중해야 하며 죄책감의 근원을 탐색해 인과관계에 대한 현실적인 시각을 가지도록 안내하는 것, 그리고 피해자가 준비되었을 때 죄책감과 그 이면에 있는 분노를 생산적인 활동으로 전환하도록 돕는 것이 중요하다.[2]

이러한 방어기제의 이면에는 어렸을 때부터 신화, 전설, 민담, 동화, 만화, 드라마 등을 통해 주입된 권선징악적 가치 기준이 자리 잡고 있다. 인류가 공동체를 형성해서 살아가는 한 선행을 권장하고 악행을 징벌하는 것은 너무 당연하면서도 중요한 가치일 것이다. 하지만 나쁜 짓을 하지 않았음에도 벌을 받는다고 느낄 만한 일이 벌어지면 권선징악적 가치는 깊이를 모르는 죄책감을 초래하는 원인이 될 수 있다.

권선징악적 가치를 내재화한 사람에게 범죄 피해는 일종의 벌로 이해될 수밖에 없다. 따라서 범죄 피해자가 되는 순간 자동적으로 '범죄 피해자가 되는 벌'을 받은 원인을 자기 내면에서 찾는다. 자신이 과거에 범한 악행을 기억해 내기 위해 고군분투하며, 이러한 노력은 죄책감으로 화답한다.

안타깝게도 이런 식의 기제가 피해자에게서만 작동하는 것이 아니다. 피해자의 주변 사람도 권선징악적 가치를 내재화하고 있기 때문에 강력범죄가 발생하면 본능적으로 피해자를 '끔찍한 벌을 받을 만큼 큰 죄를 지은 사람'으로 분류한다. 심지어 살인사건으로 배우자를 잃은 어느 유족은 장례를 치르고 직장에 복귀한 첫날 "오죽 독하게 살았으면 그런 일까지 당해?"라고 뒤에서 동료들이 수군대는 소리를 들어야만 했다.

권선징악적 규율을 적용하기 위해서는 정의와 공정성이 담보되어야만 한다. 하지만 대부분의 범죄는 범인과 피해자 간의 정신적 혹은 육체적 힘의 균형이 깨진 상태에서 벌어진다. 즉, 범죄는 정의와 공정성이 파괴된 상태에서 발생한다. 따라서 권선징악적 규율로 범죄를 바라보는 것은 타당하지 않다. 그럼에도 불구하고 우리 사회는 권선징악적 가치 기준을 가지고 피해자를 바라보는 습관을 버리지 못하고 있다. 그러는 동안에 범죄피해를 당해 도움이 필요한 '사람'은 사라지고 '선악에 대한 판단'만 남는다.

그 어떤 실수나 잘못도 범죄 피해를 당해 마땅한 이유가 되지는 못한다. 심지어 범죄자조차도 그가 행한 위법행위를 넘어선 처벌을 받지 않도록 법의 보호를 받는다. 현장에서 정당방위가 극히 제한적인 상황에서만 인정되는 것도 이와 맥락을 같이 한다.[3] 하물며 범죄 피해자는 어떠한가? 부디, 더 늦기 전에 너무 오랫동안 그들을 부당하고 가혹하게 처우해 온 것은 아닌지 깊이 반성해야 하지 않을까?

깨진 유리잔 이론

선생님, 제가 멀쩡할 때 몇 가지 여쭤보려 합니다. 전에 말씀드렸던 어딘지 모르는 불안감은 나름 사라졌는데, 그 대신 제가 여기서 뭐 하는지에 대한 의문이 생겼습니다…. 한마디로 표현하자면, 저란 인간이 존재하는 이유를 모르겠습니다! 일할 때는 괜찮습니다. 근데 일 안 할 때는 '내가 어디 가는 거지?', '여기서 뭐 하는 거지?' 항상 물음표가 생깁니다. 말로 표현 못 할 정도로요. 이거 고칠 수 있는 건가요?

_살인사건 유족의 진술에서 발췌

범죄 피해자, 특히 사건 후 얼마 지나지 않은 피해자에게 자주 받는 질문 중 하나는 "제가 정신병에 걸린 게 아닐까요?"다. 스트레스 인자(stressor)에 노출되면 우리 몸에서는 일련의 반응이 일어난다. 시상하부 뇌하수체 부신 축 활성화를 포함해 내분

비계, 자율신경계, 면역계 등의 생리적 변화가 일어나며 각성과 기억 그리고 정서 영역에서도 다양한 변화가 생겨난다. 다행히 우리 신체는 스트레스 상황에서 벗어나면 머지않아 정상적인 상태로 돌아오며 교감신경계와 부교감신경계가 다시 균형을 이룬다.[4]

그러나 범죄 피해와 같은 강한 트라우마를 겪으면 사건이 종료되어도 피해자들은 사건이 여전히 진행 중인 것처럼 느끼곤 한다. 이는 과활성화된 교감신경(각성 담당)이 부교감신경(이완 담당)의 활동을 방해하기 때문이다. 대개 사건 후 1~2주 이내에 정상 수준으로 돌아오지만 개인에 따라 혹은 사건 유형에 따라 수주에서 수개월, 혹은 수년 동안 트라우마 상태에서 벗어나지 못하기도 한다.

피해자를 괴롭히는 트라우마 후유증은 주의력 저하나 멍해지는 증상을 포함한 해리부터 불면 혹은 과다수면, 과식욕 혹은 무식욕, 갑작스러운 공포 반응, 과각성 혹은 정서적 둔감함, 자해나 자살 시도, 사건과 의미적으로 연결되어 있을 가능성이 높은 특정 신체 부위의 기능 결함이나 마비 또는 통증, 환각, 망상, 사고장애와 같은 급성 정신병적 증상까지 매우 다양하고 복잡하다. 사건 처리 과정에 관여하는 것만으로도 버거운 피해자에게 이런 증상은 매우 생경하고 혼란스러운 것으로 경험되며, 종종 영원히 회복되지 않을지도 모른다는 두려움을 유발한다.

이런 경우 트라우마 증상의 조절을 위해 정신건강의학적 약물 치료가 필요할 수 있으나, 이를 제안하는 과정에서 피해자와 치료적 관계(라포르, rapport)가 깨지는 경우가 있다. 정신의학적 처치가 필요하다는 전문가의 조언이 피해자에게는 자연 치유가 될 수 없다는 의미로 해석되는 것 같다. 여기에 정신과 약을 한 번 먹기 시작하면 영원히 끊을 수 없으리라는 피해자의 오해가 더해지면 저항이 더욱 심해질 수 있다. 그래서 범죄 피해자 상담 현장에서는 트라우마에 대한 심리교육(psycho-education)을 반복적으로 제공하는 것이 강조된다.

이 심리교육은 트라우마의 생물학적, 심리학적, 사회적 영향에 대한 정확하고 시의적절한 정보 제공을 목적으로 한다. 피해자에게 트라우마 후 나타나는 일련의 증상이 자연스럽고 당연하며, 개인차가 있기는 하나 점차 회복될 것임을 알려주는 일이 중요하다. 심리교육을 통해 제공한 정보를 토대로 피해자는 현재 증상에 대해 타당한 해석을 내리게 되며, 미래에 나타날 가능성이 있는 증상에 대한 심리적 준비를 한다. 증상이 시간 경과에 따라 악화되거나 다른 증상으로 대치될 수 있으나 그것 또한 자연스러운 과정임을 알게 된다.

트라우마 회복 과정에서 새로운 증상의 출현 또는 기존에 있던 증상의 일시적 악화는 언제든 발생한다. 그것이 실제적인 추가 스트레스에 의한 것인 경우도 있지만 피해자가 트라우마 기억을 꺼내어 재처리할 힘이 생겼음을 시사하는 경우도 있다. 즉, 증상의 출현이 트라우마를 재처리해서 삶에 통합할 기회일 수 있으므로 주변 사람과 상담가는 피해자가 이것을 부정적으로 해석해서 낙담하지 않도록 도와야 한다.

트라우마 후 일시적으로 정신적 혼란을 겪는 것은 매우 당연하다. 이러한 증상들은 피해자 내면의 자기 치유의 힘과 전문적인 심리 상담의 도움으로 충분히 회복될 수 있다. 단, 문제가 된 범죄 피해 외에 과거의 복합적인 트라우마력이 있거나, 사건 이전부터 심리 문제가 있거나, 혹은 회복에 필요한 내적·외적 자원이 빈약하면 속도가 더딜 수 있다. 하지만 증상은 필연적으로 시간 경과에 따라 호전된다.

심지어 살인사건 유족처럼 나아지는 것에 대한 강렬한 저항을 보이는 사람조차 시간이 지나면서 사건을 과거로 보내는 작업을 본능적으로 하게 된다. 이러한 이유로 상담가가 (나아지는 것에 대한 죄책감을 지닌 피해자와 유족이 아닌) 피해자에게 확신에 찬 어조로 "당신은 반드시 회복될 것이며, 그 방법과 속도는 당신이 조절할 수 있습니다"라고 말해주는 것이 중요하다.

다만 이런 작업은 타이밍이 매우 중요해서 섣부르게 나아질 것이라고 말하는 경우 피해자가 '나의 고통을 공감하지 못해 쉽게 말한다'고 오해할 수 있다. 따라서 피해자의 가족이나 지인들은 가능한 한 이런 표현을 자제하고 피해자가 호소하는 고통에 공감적으로 반응해 주는 역할만 하는 것이 바람직하다. 그간의 경험상 그것만으로도 충분하다. 나머지는 피해자의 몫인 것 같다.

　범죄 피해자가 된다고 해서 삶이 망가지거나 정신적 장애인이 되는 것은 아니다. 피해자는 적절한 돌봄과 심리학적 개입을 통해, 심지어 누군가는 온전히 자기 치유의 힘만으로도 일상을 회복할 수 있다. 만일 누군가가 충분한 시간이 흘렀음에도 범죄 피해로 초래된 정신적 후유증에서 회복되지 못하거나 증상이 오히려 악화되었다면 그것은 그럴 만한 제2, 제3의 요인이 작용하고 있을 가능성이 있다. 이럴 때는 당신이나 당신의 이웃 혹은 공동체 전체가 피해자의 회복을 방해하는 원인을 제공하고 있지는 않은지 살펴봐야 한다.

피해자다움에 대한 집착

만취 상태에서 직장 상사의 차를 얻어 탄 뒤 의식을 잃었다가 목이 타는 듯한 갈증 때문에 잠에서 깨어 보니 당신과 상사가 침대에 나체로 누워 있는 상태였다면, 당신은 어떻게 하겠는가? 야근 후 밤늦게 귀가하던 중 어두운 골목길에서 갑자기 튀어나온 남성에게 강간을 당했다면, 당신은 어떻게 하겠는가? 어떻게 행동해야만 피해자다울까?

피해자다움이란 피해자가 가지리라고 예상되는 여러 가지 성격, 행동, 생각 등을 뜻한다.[5] 통념상 피해자다운 행동 혹은 이상적인 피해자의 행동에는 범죄 피해 즉시 수사기관에 신고하는 것, 두려움과 공포를 드러내는 것, 범죄의 충격으로 충분히 오랫동안 고통스러워하는 것 등이 포함된다. '상식'이나 '자연스러움'으로 포장되기는 하나, 실상 피해자다움은 주류 사회의 시각이나 편견이 반영된 개념에 불과하다.[6] 이 때문에 그간 피해자다움에 대해 활발한 논의가 진행되었으며, 이제는 피해자다움을 논하는 일이 무의미하다는 것에 대한 공감대가 충분히 형성된 듯하다.

그럼에도 불구하고 형사사법 절차에서 피해자다움은 여전히 중요한 화두가 되고 있다. 심지어 '우리 사회에서 폭넓게 수용되는 성범죄 피해자의 전형적 행동 양식을 일컫는 피해자다움의 요구가 인식론적으로는 부도덕한 것이 맞으나, 좁은 의미의 피해자다움에는 그러한 편견이 작용되지 않으며 합리적 근거를 가지므로 법정에서 진술의 신빙성을 평가하기 위해 필요하다'는 주장도 존재한다.[7] 여기서 좁은 의미의 피해자다움이란 사건에 대해 남김없이 일관되고 정직하게 진술하는 것, 그리고 상황적 맥락에서 상식적이라고 볼 만한 방식으로 피해자가 행동하는 것을 말한다.

하지만 진술의 일관성이나 응집력이 부족하다는 것 혹은 피해자가 경험한 모든 것을 말하지 않는 것은 거짓 의도 때문만은 아니다. 자신에게 벌어진 상황에 대한 인지적 이해가 충분히 구축되지 못한 경우, 사건으로 인해 너무 놀라 인지 기능의 효율성이 일시적으로 저하된 경우, 반복적으로 사건이 발생해 회상 과정에서 의도치 않게 여러 에피소드를 섞어서 진술하는 경우, 심지어 질문을 잘못 이해하는 경우에도 진술의 일관성과 응집력이 저하될 수 있다. 더욱이 범죄 피해를 입었다는 이유만으로 수치심조차 내려놓고 모든 것을, 심지어 사건과 관련이 없다고 생각되는 매우 사적인 정보까지 전부 말해야 할 의무를 요구하는 것은 결코 공평하지 않다. 범인에게는 그러한 의무를 부과하지 않을 뿐만 아니라 '묵비권'과 '불리한 진술을 하지 않을 권리'까지 인정해 주기 때문이다.

상식은 전문 지식이나 절대적 기준 혹은 객관적 사실이 아니라 사회 구성원들이 공통되게 당연한 것으로 여기는 가치관을 일컫는 말에 불과하다. 이는 여러 사람이 공유하는 편견이 상식이라는 말로 둔갑하는 것이 충분히 가능함을 의미한다. 이러한 우를 범하지 않기 위해서는 상식성을 판단할 때 편견과 고정관념을 배제하고 특정 개인이 처한 상황을 면밀히 고려해야 한다. 하지만 우리가 가진 '기존 가치관(상식)'은 자동적 사고의 형태를 띠기 때문에 이를 의식적으로 배제하는 것이 노련한 전문가조차도 결코 쉽지 않다.

앞에 제시한 사례에서 피해자가 지갑이 사라졌음을 깨닫고 잠든 상사를 '조심스럽게' 깨워 택시비를 얻은 뒤 상사가 불러준 콜택시를 타고 귀가했다면, 다음 날 오후에 상사에게 전화를 걸어 밤새 무슨 일이 있었는지 묻는 과정에서 화를 내거나 고함치는 일 없이 얌전하게 반응했다면, 심지어 저녁에 상사와 만나 식사를 함께했다면 그는 좁은 의미에서 피해자답다고 볼 수 있는가? 다시 말해 그의 행동은 상식적인가?

그의 주장이 상식적인지를 타당하게 평가하려면 반드시 그의 평소 성향(예: 자책감을 자주 느낌, 수동적이고 회피적임), 그와 상사의 관계적 특성(예: 상사가 인사권을 가진 인물임), 그가 지각한 상사의 특성(예: 모욕당했다고 생각되면 불같이 화를 내고 보복함), 그가 처한 현실적인 상황(예: 승진 심사를 앞두고 있음, 부양가족이 있음), 사건 당시 그의 정신 상태(예: 만취함), 그리고 그의 성 지식과 성 태도(예: 성 의식이 매우 엄격함) 등에 대한 객관적이고 정확한 정보가 필요하다. 특히 성폭력 사건에서는 일반인과 피해자, 심지어 형사사법 관계자 각각의 '상식'에 비교적 큰 차이가 있기 때문에 이러한 자료를 검토하지 않고 피해자 행동의 상식성, 나아가 피해자다움을 논하는 것은 타당하지 않다.

A는 △ 대기업에 취직하는 것을 목표로 대학 생활 내내 사교 활동

과는 담을 쌓은 채 스펙 쌓기에만 전념했다. 그 결과 졸업과 동시에 △의 인턴으로 채용되었으며, 이변이 없는 한 6개월의 인턴 생활이 끝나면 정규직으로 전환될 예정이다. 일주일간의 신입 교육 과정을 마치고 부푼 마음으로 사무실에 첫 출근을 하던 날, A는 교육 내내 많은 도움을 받았던 김 과장을 복도에서 만났다. 반가운 마음에 큰 목소리로 인사를 건네자 김 과장이 활짝 웃으며 성큼 다가와 A를 포옹한 후 오른손으로 엉덩이를 한 차례 주무르고 자리를 떴다. A는 순간 머릿속이 하얘져 얼어붙었다가 지나가던 입사 동기가 어깨를 툭툭 치고 나서야 정신을 차릴 수 있었다.

당신이 A라면 어떻게 대응하겠는가? 김 과장이 엉덩이를 만지자마자 분명하게 거부 의사를 표명한 후 사과를 요구할까? 이론상으로는 가장 적절하고 훌륭한 전략이다. 하지만 그렇게 하면 김 과장이 사실을 인정하면서 흔쾌히 사과할까? 안타깝게도 대부분의 경우 그렇지 않다. 김 과장은 그 사실을 인정하는 순간 많은 것을 잃을 수밖에 없다. 따라서 사과 대신 강하게 발뺌하며 '상사를 무고하게 성추행범으로 몰아가는 무례한 사람'으로 A를 몰아세울 가능성이 매우 높다.

그렇다면 일단 참았다가 김 과장이 다른 곳으로 간 뒤 직장 선배나 상사 혹은 회사 내 인권센터 담당자에게 말해 도움을 청해볼까? 이 역시 훌륭한 전략이다. 실제로 상사나 인권보호 관계자가 신고자를 염려하며 유용한 조언을 해줄 것이다. 하지만 김 과장이 본격적인 반격에 나서면 상황은 크게 달라질 수 있다. 그들이 인턴으로 채용되어 처음으로 출근한 A와 회사 내에서 제법 많은 권한을 행사하는 김 과장 중 누구의 말을 더 믿을까 (혹은 믿고 싶어 할까)? 더욱이 어떤 식으로든 소문이 나면 A에 대한 평판은 틀림없이 나빠지고, 그것이 6개월 뒤에 있을 정규직 전환 심사에 걸림돌이 될지도 모른다.

그럼 경찰에 신고하는 것은 어떨까? 피해 구제를 위해 경찰에 신고하는 것은 피해자의 당연한 권리다. 하지만 적어도 이론이 아닌 현실에서 신고가 가장 합리적인 결정이라고 장담하기는 쉽지 않다. 이는 다음의 피해자 진술에서도 잘 드러난다.

지금까지 저는 되게, 되게 많이 잃었어요. 이제 사람도 못 믿겠어요. 다 짜증이 나요 그냥. 제가 피해자잖아요. 근데 제가 수사받아야 하고 거짓말 아니냐고 의심받아야 하더라고요. 이젠 고소고 뭐고 제발 이 상황이 빨리 끝났으면 좋겠어요. 이럴 줄 알았으면 고소 자체를 안 했어요. 무고죄로 처벌받을까 봐 고소 취하도 못 하고… 빠져나올 수 없는 수렁에 빠진 느낌이에요.

_강간 피해자의 진술에서 발췌

그냥 꾹 참고 아무 일 없는 듯 직장을 다니되 김 과장을 피해

다니면 되지 않을까? 나름 나쁘지 않은 전략인 것 같다. 하지만 안타깝게도 성폭력은 진화한다. 범인은 통상 가벼운 신체 접촉을 통해 성적 자극에 대한 거부감을 줄여간다. 만에 하나 피해자가 거부하면 '별일 아닌데 유난 떤다'거나 '단지 실수였을 뿐'이라고 변명하면서 기회가 닿을 때 신체 접촉을 다시 시도하며 점차 성적 수위를 높여간다. 이 말은 김 과장이 엉덩이를 주무르는 것에서 그치지 않고 점점 수위를 올릴 가능성이 매우 높음을 의미한다.

더욱이 김 과장이 직장 상사라는 점을 감안할 때, 불행하게도 A가 김 과장의 그러한 행위로부터 스스로를 보호할 수 있으리라 장담하기 어렵다. 결과적으로 A가 성폭력에 반복 노출될 가능성이 결코 적지 않으리라 예상된다. 그럼에도 불구하고 참을 만큼 참다가 외부에 알리고 도움을 얻고자 결심할 때쯤이면 주변 사람뿐만 아니라 형사사법 관계자조차도 그간 A가 생존을 위해 괜찮은 척하며 지냈던 시간을 근거로 피해자답지 않았다며 진정성을 의심하기 시작할 수 있다.

자, 다시 묻겠다. 당신이 A라면 어떻게 하겠는가? 현실에서 이와 비슷한 상황에 놓인 대부분의 사람은 조용히 혼자 참는 쪽에 베팅한다. 환경을 통제하고자 하는 대신 자신의 생각과 감정을 바꾸는 것이 더 쉽고 유리하다고 생각하기 때문이다. 적어도 초반에는 이런 전략이 성공적인 것으로 보일 수 있다.

하지만 안타깝게도 성폭력이든 신체 폭력이든 아니면 금전적, 정신적 착취든 피해자가 참을수록 범인은 점점 대담하게 범죄 수위를 높여가기 나름이며, 피해자는 점점 벗어날 수 없는 상황에 놓인다. 이쯤 되면 피해자가 자신의 잘못된 판단을 후회하며 도움을 청하고 싶어진다. 하지만 많은 피해자가 폭로할 엄두를 내지 못한다. 오히려 계속 참기를 선택하거나 스스로를 파괴하는 것을 선택하곤 한다. 그동안 자신이 보였던 행동들이 피해자다움과 거리가 멀어서 진정성이 의심될 것임을 피해자도 알기 때문이다.

그렇다고 피해자의 주장을 어떠한 의심도 없이 무조건 믿어야 하며, 타당한 증거가 없을 때조차도 지목된 범인을 엄벌해야 한다는 말은 결코 아니다. 누군가를 무고하기 위해 거짓으로 범죄 피해를 주장하거나, 누군가의 유도 질문에 잘못 답변한 것이 확대 재생산되어 비피해자가 피해자로 잘못 분류되는 경우가 분명 존재하기 때문이다.

하지만 사건과 피해자 그리고 피해자가 처한 환경에 대한 충분한 이해 없이, 단지 자신의 편견 또는 지목된 가해자에 대한 편파적이고 불공정한 공감만을 근거로 조급하게 피해자의 진정성을 의심하는 것은 정당하지 않다. 객관적 증거 없이 피해자 진술만 존재하는 사건에서 진술의 상식성과 논리성을 평가하는 것이 중요하기는 하나, 그것을 굳이 '피해자다움'이라는 용어로 설명할 하등의 이유는 없다. 피해자다워야 피해자의 진술이 신빙성이 있다는 결론은 논리적 비약임이 분명하다.[8]

진범의 공범

2018년 3월, 아내가 남편의 지인으로부터 강간당했다고 주장했으나 1심 재판에서 무죄가 선고되자 낙담한 30대 부부가 스스로 목숨을 끊는 일이 발생했다. 세상은 두 사람의 억울함에 주목했고 언론은 앞다투어 무죄 판결이 자살의 결정적 이유라는 취지의 보도를 쏟아냈다. 이후 대법원에서 피해자의 진술 신빙성이 인정되어 무죄가 유죄로 뒤집혔으며 2019년 4월 유죄가 확정되었다. 그리고 이 사건은 성폭력 사건의 재판에서 성인지 감수성이 얼마나 중요한지를 보여주는 지표 사건이 되었다.

안타깝게도 이 사건 이전에도 그리고 이 사건 이후에도 범죄피해자의 자살 소식은 계속 있었다. 산후우울증을 앓던 여성이 SNS를 통해 만난 남성에게 강간당한 사건에서 수사관은 남편에게 알리지 말아달라는 피해자의 간절한 부탁에도 불구하고 배우자에게 소식을 전했고 피해자는 남편의 비난을 견디지 못해 자살했다. 한 강간 피해자는 법정 증언 직후 피고인 측 변호인의 모욕적 질문으로 인한 고통을 호소하고 자살했다. 과거에 사귀었던 사람이 성관계 장면을 몰래 찍었다가 이별 후 유포한 사건의 피해자는 생업을 포기하고 종일 온라인에 유포된 동영상을 찾아 삭제를 요청하는 일에 몰두하다가 지인으로부터 자신을 찍은 음란물을 보았다는 전화를 받은 날 자살했다.

과연 무엇이 그들을 자살로 내몰았을까? 물론 범죄의 1차적 충격으로 많은 피해자가 자살 충동을 경험하고 그중 일부는 자살을 시도하며 그중 일부가 자살에 성공한다. 하지만 보다 많은 사례에서 자살이라는 극단적 선택을 하는 결정적인 이유는 안타깝게도 1차 피해가 아닌 2차 피해에 있다. 여기서 1차 피해란 범죄 행위로 피해자에게 야기된 육체와 정신적 손실을 말하며, 2차 피해는 범죄 사건이 종료된 이후에 피해자가 겪는 일련의 손실(예: 사생활 침해나 근로 능력 상실로 인한 실업과 경제적 어려움)을, 그리고 3차 피해는 범죄 피해로 인한 장기 후유증(예: 아동기에 학교폭력에 지속 노출된 사람이 성인기에 자살할 확률이 더 높음)을 일컫는다.[9]

위의 부부 동반자살 사례에서 범인은 피해자의 남편과 유년 시절부터 알고 지내던 사이였을 뿐만 아니라 한때 사업 파트너였다. 성폭행 신고가 접수되어 수사가 개시되자 범인은 이를 이용해 주변 사람에게 "피해자가 자신과의 부정이 발각되자 남편의 비난을 피하기 위해 자신을 무고하고 있다"라는 소문을 퍼트렸다. 1심 재판도 열리기 전에 그들이 소속된 지역 공동체에서

이 사건은 이미 '무죄'임이 확실한 상태였고, 피해자 부부는 범인을 무고하는 나쁜 사람으로 낙인찍혔다.

이런 상태에서 피해자 부부가 믿을 곳은 법원밖에 없었을 것이다. 하지만 1심 재판부의 무죄 선고, 그리고 이 소식을 들은 주변 사람의 '그럴 줄 알았다'는 식의 반응은 벼랑 끝에 서 있던 그들을 '성폭행 피해자임을 인정받기 위해 목숨까지 걸어야 하는 상황'으로 내몰았다. 안타깝게 그들의 시도는 성공적(?)이어서, 이제 세상은 그들이 '진짜 피해자'임을 인정한다. 하지만 정작 사망한 부부는 자신들에 대한 세상의 평가가 이제 달라졌음을 알 리 없으며, 세상 사람은 그들을 죽음으로 내몬 사람이 자신들이었음을 알 리 없다.

범죄 피해의 후유증에 대한 연구들은 범죄 자체(즉, 1차 피해)가 피해자의 정신건강에 심각한 영향력을 행사함을 잘 보여준다. 범죄 피해는 그 유형과 무관하게 자연재해와 교통사고에 비해 사건에 대한 반복적이고 침투적인 회상이나 악몽을 포함한 재경험, 사건과 관련한 자극에 대한 회피 행동, 자극 과민성, 부정적 사고의 증가를 핵심 증상으로 하는 PTSD를 유발할 가능성이 높다.[10] 사건이 일회성에 그치지 않고 반복적으로 발생하는 경우 PTSD 증상과 함께 우울, 불안, 절망, 해리, 물질 남용, 자해, 자살 시도, 대인 관계 문제, 의학적 원인이 없는 신체적 불편감 호소 등을 주 증상으로 하는 복합 PTSD(complex PTSD)의 발병

가능성이 증가하기도 한다.[11]

　이러한 어려움은 2차 피해로 악화될 수 있으며, 때로는 2차 피해가 1차 피해보다 더 끔찍해 피해자의 삶을 파국으로 내몰기도 한다. 주목할 만한 점은 2차 피해가 주로 언론이나 형사사법기관에 의해 자행될 것이라는 생각과 달리, 가장 자주 그리고 가장 심각하게 2차 가해를 범하는 사람은 의외로 피해자의 주변 인물이고, 심지어 가족도 있다.[12] 안타깝게도 이런 경우 2차 가해자인 피해자의 주변인은 자신이 하는 행동이 2차 가해임을 인식조차 하지 못한다.

　이는 범죄 피해 경험이 가진 특유함에 대한 이해가 부족한 탓일 수 있다. 1년 전 살인으로 어린 딸을 잃은 어느 유족이 평소 크게 의지하며 지내던 이웃에게 모욕을 당했다며 상담회기 내내 화를 내다가 울기를 반복한 적이 있다. 그를 이토록 비통하게 만든 것은 바로 "죽은 아이는 이제 그만 잊고 빨리 둘째를 낳아서 허전한 마음을 채워요"라는 이웃의 말이었다. 추정컨대 유족의 상실감과 비통함을 1년 넘게 곁에서 지켜봤던 이웃으로서는 그것이 상실감을 보상하는 가장 좋은 방법이라고 믿었기에 그같은 조언을 했으리라.

　그러나 아직도 사망한 아이의 사진조차 볼 수 없고, 이름을 듣는 것만으로도 발작적으로 울음이 터져 나오고, 아이와 비슷한 또래를 보는 것만으로도 견디기 힘든 비통함을 느끼는 그에게 '잊으라'는 말은 너무 가혹하며 '다른 아기를 낳으라'는 말은 미친 소리일 뿐이다. 그럼에도 불구하고 유족의 심리 상태를 모를 리 없는 이웃은 왜 그런 말을 했을까? 경험해 보지 않아서 피해자가 느끼는 고통의 깊이를 헤아리는 것이 어렵기 때문에, 즉 공감이 쉽지 않기 때문으로 이해된다.

공감의 사전적 정의는 '남의 감정, 의견, 주장 따위에 대해 자기도 그렇다고 느끼는 기분'이다. 이와 달리 심리치료 장면에서 공감은 다른 사람의 내면세계와 내적 준거 틀을 이해하는 것을 일컫는 용어로 사용되며 '같은 경험이 없어도 타인의 마음을 헤아려 이해하되, 타인과의 심리적 경계를 유지하는 것'이 강조된다. 이것이 바로 공감이 '동감'과 구분되는 지점이다.

종종 우리는 직접 경험하지 않고도 상대의 고통에 쉽게 공감할 수 있다고 착각한다. 그러면서 자신의 이해가 정확하며 자신의 언행이 충분히 공감적이라고 믿고 싶어 한다. 단지 자신의 경험을 토대로 미루어 짐작한 것에 불과하거나, 단지 일시적인 동정에 불과하거나, 혹은 가장된 공감적 언행일 뿐인 경우가 많음에도 말이다. 물론 동정과 연민은 누군가를 돕고 싶은 의지를 일으키며 공감의 중요한 토대가 되므로 분명 가치가 있다. 하지만 단지 자신의 주관적 생각과 감정에 근거한 추론과 동정만으로 타인을 온전히 이해하고 적절히 돕는 것은 상당한 한계가 있다.

인간은 낯선 상황이 발생하면 집착적으로 그 상황을 '이해'하고자 애쓴다. 인지적으로 이해가 되어야 같은 문제가 재발하는 것을 막을 수 있기 때문이다. 하지만 모든 세상사를 인지적으로 이해하는 것은 사실상 불가능하다. 그러므로 우리는 경험이 축적됨에 따라서 이해할 수 없는 현상이 있음을 인정하며 때로 이해되지 않는 것도 수용할 줄 아는 아량을 배워간다.

강력범죄는 피해자에게 매우 생경하고 충격적인 사건이며 그 충격이 다양한 요인과 결합함으로써 피해자에게 상당히 복잡한 반응을 초래한다. 그 반응 중 일부는 피해자의 주변 사람뿐만 아니라 피해자 자신조차도 이해할 수 없는 독특한 양상을 띤다. 그럼에도 불구하고 누군가 자신의 내적 준거를 토대로 피해자의 경험을 넘겨짚고 잘못 이해해 섣불리 조언하는 경우, 의도와 달리 2차 피해를 초래할 수 있다. 따라서 범죄 피해자의 주변인은 이러한 한계와 어려움을 인식하고 주의해야 한다.

그렇다면 강력범죄 피해 경험이 있는 사람은 다른 범죄 피해자의 심리를 정확히 이해하고 공감할까? 안타깝게도 항상 그런 것은 아니다. 인간은 누구나 자신의 경험 범위 내에서 생각하고 행동하며 타인이 자신과 같을 것이라는 자기중심적인 사고에서 완전히 벗어나기 어렵다. 아쉽게도 강력범죄 피해 경험이 있다고 해서 이런 경향이 사라지는 것은 아니다. 피해 경험이 있는 사람들 중에 자신의 경험을 과잉 일반화함으로써 다른 피해자도 자신과 같으리라고 생각해 섣부르게 조언하거나, 다른 피해자가 자신과 같지 않을 경우 넌지시 비난하고 통제하려는 경향을 보일 수 있다.

이것이 바로 잘못된 공감의 예다. 피해자에 대한 공감이든 지목된 가해자에 대한 공감이든 객관성과 중립성이 담보되지 않는 한 진정한 공감이라고는 볼 수 없으며 그것이 초래하는 결과는 우리가 상상하지 못할 정도로 잔혹할 수 있다. 우리는 "잘못된 공감은 재앙을 불러올 수 있다"라는 인지심리학자 폴 블룸(Paul Bloom) 박사의 경고[13]에 주목해야 한다. 그는 지나치게 개인의 사연에만 공감하는 경우 객관적인 근거를 무시함으로써 납득하기 어려운 집단주의가 초래될 수 있음을 강조하면서 공감은 단지 도구일 뿐이라고 말한다.

같은 맥락에서 나는 범죄 피해자를 지원하는 과정 중에 피해자 간의 잘못된 공감에 따른 2차 피해를 막기 위해 기본적인 몇 가지 지침을 제시한다. 여기에는 범죄 피해자라는 이유로 내가 다른 피해자를 모두 이해할 수 있다고 생각하지 말 것, 내 생각이나 경험과 다르다는 이유로 타인의 결정을 바꾸려 하지 말 것, 나의 범죄 사건에 대해 말하고 싶은 경우 상대에게 허락을 받을 것, 다른 피해자가 자신이 겪은 범죄 사건을 말하고 싶어 하지만 내가 그 말을 듣고 싶지 않은 경우 분명한 언어로 거절할 것, 그리고 모든 결정은 스스로 내리는 것이며 그 책임 또한 기꺼이 자신이 질 것 등이 포함된다.

지금까지 살펴본 다양한 곤란이 애당초 피해자가 범죄의 표적이 되지 않았다면 벌어지지 않았을 것이라는 점에서, 피해자를 고통의 수렁으로 빠뜨린 주된 원인이 '범죄 사건'임은 분명하다. 문제는 너무도 많은 공범이 존재하며, 그중 일부는 범죄보다 더 끔찍한 2차 피해를 유발함에도 정작 자신이 가해자라는 인식조차 하지 못한다는 점이다.

당신이라면 피할 수 있었을까?

2020년 12월 24일 한 응급구조사가 일터에서 무차별 폭행을 당했고 (인과관계에 대한 주장이 엇갈리기는 하나) 그 후 사망했다. 범인은 피해자의 사망 사실을 인지하고도 시신을 방치했다가 7시간 뒤에야 119에 신고했으며, 피해자가 자신의 폭행으로 사망한 것이 아니라고 주장했다. 이 사건은 유족이 청와대 국민청원을 통해 억울함을 호소하면서 '김해 응급구조사 사망 사건'이라는 제목으로 전파를 타기 시작했다.

이후 피해자가 직장 상사였던 범인의 사소한 심부름은 물론 범인 소유의 개를 돌보는 역할까지 떠맡았으며, 범인이 피해자의 집에 CCTV를 설치해 두고 그의 일거수일투족을 감시하며 사실상 노예처럼 처우했던 사실이 알려지면서 국민적 공분을 샀다. 그리고 그와 동시에 "왜 건장한 비장애 성인 남성이 그런 환경으로부터 스스로 벗어나지 못했을까?"라는 의문이 피어올랐다.

이런 의문은 비단 이 사건에만 국한되지 않는다. 영생이나 천국행 티켓을 위해 전 재산을 종교 기관에 헌납하는 것도 모자라 착취와 폭행을 견디며 살아가는 피해자를 보면서, 반복된 학대와 폭력에도 불구하고 도움을 청하기는커녕 범인을 변호하기 위해 애쓰는 가정폭력 피해자를 보면서, 끔찍한 집단 괴롭힘과 폭행을 견디다 못해 외부에 도움을 청하는 대신 스스로 생을 마감하는 학교폭력 피해자를 보면서, 혹은 사기 결혼 후 온갖 착취를 당하면서도 배우자를 만족시키기 위해 헌신하다 익사하거나 매 맞아 사망하거나 실종되어 생사조차 알 수 없는 상황에 이른 피해자를 보면서 우리는 안타까운 마음과 동시에 피해자들이 좀 더 합리적으로 대응하지 못한 이유를 궁금해한다. 만일 피해자가 납득할 만한 '변명'으로 이런 궁금증을 해소해 주지 못하면, 우리는 피해자를 범인과 한패로 취급하거나 지혜롭고 현명하지 못한 사람으로 평가하고 슬며시 피해자 유발론을 제기하며 피해자를 낙인찍는다.

우리는 왜 이토록 피해자를 비합리적이고 가학적인 방식으로 바라보는가? 그런 행동이 우리에게 어떤 이익을 주는가? 다양한 이유가 있겠으나, 결정적인 것은 '피해자 잘못으로 범죄가 발생했다고 생각하는 순간, 피해자처럼 행동하지 않으면 자신에게는 그와 같은 끔찍한 사건이 발생하지 않으리라는 안도감을 느끼기 때문'으로 보인다. 하지만 대중의 이런 바람과 달리 모든 범죄 사건에서 범행을 할지 말지를 결정하는 것, 즉 범죄 원인은 언제나 피해자가 아닌 범인에게 있다.

물론 상호 시비 끝에 폭행과 살인이 일어나는 경우가 적지 않지만, 이런 경우조차도 폭행과 살인을 결정하는 것은 피해자가 아닌 범인이다. 범죄는 범인이 특정인을 표적으로 삼아 범행하기로 했기 때문에 발생한다. 예를 들어, 폭행은 **때리고 싶은** 마음이 든 범인이 상대를 **때려도 되는** 사람으로 판단해 **때리기로 결정**했기 때문에 발생한다.[14] 때리고 싶은 충동이 생겼어도 상대방이 때려서는 안 되는 사람, 즉 때렸을 때 보복이나 법적 처벌을 받을 만하거나 자신이 후회하리라고 지각되면 폭력 충동은 좀 더 잘 억제된다. 많은 사건에서 범인들이 의도하지 않았다고 주장하곤 하지만, 극히 이례적인 경우를 제외하면 대부분의 범죄는 그저 범인이 충동을 억제하지 않았기에 일어난다.

몇 년 전 어느 회사의 고위직 간부가 부하 직원의 얼굴에 침을 뱉고 물건을 집어 던지며 욕설을 퍼붓는 등 소위 갑질 폭행으로 세상을 떠들썩하게 했던 사건에서, 가해자는 엄격한 시집살이로 인해 발병한 충동조절장애가 범죄 원인이라고 주장하며 재판부에 선처를 호소했다. 하지만 인상적이게도 그의 충동은 폭언과 폭력을 행사해도 처벌을 받을 가능성이 현저히 낮을 때, 즉 상대가 '욕하고 때려도 되는 사람'이라고 판단될 때만 유독 조절되지 않았을 뿐이다.

그렇다면 피해자는 물리적, 정신적 능력이 충분함에도 왜 범인의 손아귀에서 벗어나지 못하고 반복적으로 범죄 피해를 당할까? 그 이유를 알기 위해 우리가 먼저 인정해야만 하는 것이 있다. 그것은 바로 인간이 합리적이고 올바르게 사고하는 경향뿐만 아니라 비합리적이고 올바르지 못한 방식으로 사고하는 경향도 함께 지녔다는 점이다. 합리적 정서행동치료(rational emotional behavioral therapy, REBT)의 창시자인 앨버트 엘리스(Albert Ellis)는 이러한 사실에 기초해 '실수하는 과정에서 성장하며 평화롭게 사는 법을 배우는 존재'가 인간임을 강조한 바 있다.[15]

우리는 살아가면서 종종 비합리적 신념을 형성한다. 그리고 때로 그것이 삶을 윤택하게 해주기는커녕 방해한다는 것을 뻔히 알면서도 포기하지 못하고 그 신념을 유지하려는 경향을 보인다. 그 과정에서 필요에 따라 부인, 억압, 합리화, 반동형성, 보상, 투사 등과 같은 다양한 자기방어 전략을 사용하며 때로는 자기 자신을 기만하는 극단적인 전략을 불사하기도 한다. 심지어 자신이 무능력한 사람이라는 비합리적 신념을 형성한 후 그 신념을 지켜내기 위해 스스로 무능력해 보일 만한 방식으로 행동한다. 심리학에서는 이러한 현상을 자기 충족적 예언(self-fulfilling prophecy)이라고 부른다.

누구라고 할 것 없이 우리는 종종 이런 식의 오류에 빠지며 이를 교정하려는 환경의 요구에 고집스럽게 저항한다. 왜 그럴까? 그것은 바로 일관성을 유지하고자 하는 갈망 때문이다. 앞서 살펴보았듯이 낯선 것보다 '불편하지만 익숙한 것'이 더 안전하다는 착각 때문에 유기체는 본능적으로 같은 상태가 유지되는 것을 선호한다. 그것이 때로 목숨을 담보로 하는 경우라도 말이다.

범죄 피해 상황에서도 이러한 양상이 달라지지는 않는다. 피해가 반복될수록 피해자는 자신을 보호하기 위해 적극적으로 상황과 환경을 바꾸고자 노력하기보다 자신을 변화시켜 적응하는 것을 선택한다. 마치 가정폭력 피해자가 폭행 후 사랑을 고백하며 용서를 비는 배우자를 보면서 '때리는 것만 빼면 완벽한 사람'이라고 자위하거나 그가 자신을 너무 사랑해서 그런 것이라며 스스로를 기만하듯, 종교적 착취 상황에 놓인 사람이 남에게 생긴 일이라면 명백한 범죄임을 알면서도 자신만큼은 예외라고 믿으면서 합리적 의심과 비판 대신 맹신을 선택하듯 말이다.

이는 자신이 믿고 따르며 인생을 바쳐 헌신했던 대상이 한낱 사이비 교주에 불과했음을 인정하는 순간, 자신의 과거와 현재의 삶이 부정당할 수밖에 없기 때문일 수 있다. 심지어 연인과의 성관계를 몰래 촬영한 영상물이 인터넷을 통해 퍼지고 있다는 형부의 거짓말을 믿고 사실상 형부의 노예나 다름없이 8년을 보냈던 피해자(처제)는 영상물 따위는 애초에 존재한 적이 없다는 객관적 증거를 눈앞에 두고도 믿지 못했다. 그것을 인정하는 순간 지난 8년간의 삶이 통째로 부정당하기 때문이다.

노예와 같은 삶을 살다가 폭행 피해 후 사망한 응급구조사 역시 그와 다르지 않았으리라. 그는 가부장적 문화에서 나고 자라며 학습한 대로 가해자인 직장 상사의 지시에 무조건 따랐을 것이다. 그뿐만 아니라 잘못한 것에 비해 월등히 많은 대가를 상사가 요구할 때조차도 원망하기보다 자기 잘못을 인정하며 겸손하게 요구를 받아들였을 가능성이 높다. 고진감래라는 말은 그에게 억울해도 무조건 참는 것이 미덕이며 언젠가는 좋은 일이 생기리라는 믿음을 주었을 것이다. 보통의 상황이었다면 우리는 아마도 그를 '예의 바른', '착한' 혹은 '순한' 사람이라고 부르며 칭찬했을 것이다. 하지만 무차별 폭행 후 그가 사망한 지금, 그의 성격 특성에 대한 평가가 이전과 같지 않을 것임은 분명해 보인다.

피해자들이 반복되는 범죄의 굴레에서 쉽게 벗어나지 못하는 또 다른 이유는 트라우마로 인한 뇌 손상이다. 트라우마적 상황에서 정서의 뇌로 불리는 변연계(limbic system)는 맞서 싸워 승산이 있다고 판단되면 투쟁을, 승산이 없다고 판단되면 도주를, 그리고 투쟁과 도주 모두가 불가능할 때는 정신을 잃고 쓰러지거나 감각과 기억의 상실 등을 포함하는 얼어붙음 반응을 발빠르게 선택한다. 이러한 반응은 본능적이고 즉각적이며 평소와 달리 이성적 판단에 관여하는 전두엽의 영향을 받지 않는다. 전두엽(합리적 뇌)의 통제를 받지 못하는 변연계는 오로지 생존을 위해 즉시 반응한다.[16]

지난 5년간 만 14세 이상 인구의 폭력 범죄 피해율은 0.37~0.57% 정도로, 적어도 우리가 우려하는 정도에 비해서는 높지 않은 편이다. 하지만 범죄 피해자가 되는 순간 피해자의 뇌는 그 확률을 100%로 인식하고, 언제든 범죄가 다시 발생하리라는 공포감에 떨면서 그것을 대비해 상시적인 각성 상태에 돌입한다. 사건이 종료되었음에도 변연계의 흥분은 좀처럼 가라앉지 않으며, 잠시 가라앉았다가도 사소한 자극에 의해 발 빠르게 재활성화되어 생존 모드를 작동한다.

이를 위해 모든 정신 에너지가 소비되기 때문에 피해자는 더 이상 현실적인 요구에 잘 반응하지 못한다. 주의 집중과 유지에 곤란이 생겨서 크고 작은 실수가 잦고 건망증이나 넋이 나간 듯 멍하니 있는 것을 포함한 해리 증상을 보일 수도 있다. 그뿐만 아니라 사건과 비슷한 단서에 노출되면 트라우마 기억이 활성화되어 마치 사건 당시로 돌아간 듯 강렬한 정서 반응을 드러낸다.[17] 다행스럽게도 아주 특별한 이유가 없는 한 대부분의 경우 시간 경과에 따라 뇌 기능이 회복되며 트라우마 증상 역시 (정도의 차이가 있기는 하나) 호전된다.

하지만 범죄 피해에 빈번하게 반복적으로 노출되면 손상된 뇌의 회복을 위해 필요한 최소한의 '안전한 시간'조차 허락되지 않을 수 있다. 결국 피해자는 현재의 트라우마뿐만 아니라 현재로 소환된 과거의 트라우마와도 동시에 맞서 싸워야 하는 상황에 놓인다. 이런 상황이 반복됨에 따라 피해자의 투쟁·도주 반응 회로는 손상되고 '얼어붙음' 반응이 우세해지며, 급성기의 공포와 불안은 심리적 생존을 위한 굴종과 순응으로 대체되고 과각성 반응은 해리나 감정 인식 불능증으로 전환된다.

이처럼 범죄라는 트라우마적 사건에 반복 노출되면 정서적 뇌와 합리적 뇌의 기능이 손상되어 심각한 인지적 결함이 초래될 수 있다. 그 결과 피해자의 사고력과 판단력 그리고 적응력이 심각하게 저하해 독립적으로 삶을 영위하지 못하는 지경에 이를 수도 있다. 이런 상태에서 피해자가 할 수 있는 최선의 선택은 범인에게 무조건 복종하고 순응하는 것뿐일지도 모른다. 크리스마스이브에 유명을 달리한 응급구조사가 그랬던 것처럼.

척 보면 안다는 착각

아동용 동화나 드라마에 나오는 인물들은 얼굴 생김새와 표정, 화장 방식, 옷차림, 몸짓 등을 포함한 외양만으로도 악인인지 선인인지 구분하는 것이 어렵지 않다. 심지어 악인은 눈이 없거나 하나이거나 세 개이고, 머리가 없거나 두 개 이상이기도 하다. 이런 경험이 누적됨에 따라 아동은 겉모습만으로도 그 사람의 성격을 파악할 수 있다는 착각에 빠지며 아주 특별한 이유가 없는 한 이러한 착각은 성인기까지 유지된다. 실제로 우리 주변에는 타인의 외모만으로 그 사람의 성격은 물론 직업과 연봉, 결혼여부, 앞으로의 발전 가능성까지 파악하는 능력을 지녔다고 믿는 사람이 무수히 많다. 그것이 자신이 살아오면서 축적한 고정관념의 덩어리에 불과하다는 것은 꿈에도 모른 채.

외모를 토대로 성격을 추론하는 경향은 본능에 가까운 자동적 과정이다. 이는 인류가 생존을 위해 상대가 아군인지 적군인지 빠르게 판단해야만 하는 시간을 오래 보낸 탓일 수 있다. 그런 환경에서는 외모가 결정적인 단서를 제공해 주는 중요한 정보의 출처였을 것이다. 심리학에서는 이러한 현상을 암묵적 성격 이론(혹은 내현 성격 이론)으로 설명한다. 암묵적 성격 이론은 개인이 과거 경험을 토대로 만든 일종의 신념 체계로, 사람들은 이를 토대로 타인의 몇 가지 외적 특성을 근거로 그 사람의 성격

을 추론하는 경향이 있다.[18]

이 때문에 끔찍한 범죄가 발생하면 많은 사람이 범인이 평범한 사람과는 명백히 다른 외모를 가지고 있으리라 예상한다. 범인 외모에서 특이점을 찾을 수 없는 경우 그의 직업, 종교, 인종, 성별, 심지어 그가 다닌 유치원까지 샅샅이 검열해 그가 범죄를 저지를 수밖에 없는 독특성이 있음을 확인하고 싶어 한다. 왜일까? 바로 범인이 우리와 구분되는 특징을 가져서 주의를 기울이면 그들을 미리 탐지해 낼 수 있다고 믿고자 하는 열망 때문이다. 그래야만 자신들이 범죄로부터 안전하다는 믿음을 유지할 수 있으니까.

하지만 전국범죄피해조사(2019) 결과 가해자가 피해자와 아는 사이인 사건이 78~97.6%로 나타났다. 이를 통해 알 수 있듯이, 낯설거나 기괴해 보이는 사람보다 그저 평범해 보였던 사람이 범죄를 저지르는 경우가 훨씬 많다. 2020년 온 국민을 경악게 했던 소위 '고유정 사건'에서 범인은 범행이 탄로 나기 전까지 이웃들에게 그저 평범하고 온순한 사람이라는 평가를 받으며 살았다.

그럼에도 불구하고 끔찍한 범죄가 발생하면 우리는 범인이 틀림없이 사이코패스일 것이라고 믿고 싶어 한다. 아니, 좀 더 정확히는 그들이 사이코패스여야만 한다고 생각한다. 그뿐만 아니라 사이코패스 특유의 외모와 행동 양상이 따로 있으리라고 생각한다. 하지만 이러한 바람과 달리 모든 범죄자가 사이코패스인 것은 결코 아니며, 전문가들이 사이코패스로 진단한 범죄자조차도 대부분 평범한 외모를 가졌다. 심지어 사이코패스 중 일부는 평소 '매력적인 사람'으로 평가받는다. 사이코패스 체크 리스트 개발자인 로버트 헤어(Robert Hare) 박사는 이를 사이코패스적 매력(psychopathic charm)이라고 명명하면서, 사이코패스를 '결코 혀에 매이지 않는 사람', '사회적 관습으로부터 자유로운 사람'이라고 표현한 바 있다.[19]

그렇다고 우리의 이웃이 어느 순간 강력범죄자로 돌변할 수 있으니 모든 순간, 모든 이웃을 경계하라는 말은 아니다. 사실 강력범죄 사건의 발생률은 우리가 생각하는 것보다 현저히 낮다. 많은 사람이 갈수록 잔혹 범죄가 많아진다며 개탄스러워하지만 실제로는 역사 이래 지금처럼 범죄에 의한 사망률이 낮았던 적도 없다. 내가 강조하고자 하는 것은 누군가의 생김새나 차림새, 직업, 성별 등과 같은 특징이 그 사람의 범의(犯意)를 추단할 만큼 타당한 근거가 될 수 없다는 것, 그리하여 피해자가 범인의 악의를 미리 알아채고 스스로를 보호하는 것이 결코 쉬운 일이 아니라는 것, 즉 누군가 범죄 피해자가 되었다는 것이 그가 어리숙하거나 판단력이 부족하거나 악한 탓이 아니라는 점이다.

누군가 범죄의 표적이 되었다는 것은 그가 그날 그 시각 그 장소에서 지독히도 운이 없었기 때문이다. 그리고 내가 아직 범죄 피해자가 되지 않은 것은 그날 그 시각 그 장소에 있었던 피해자보다 좀 더 운이 좋았기 때문이다. 범죄는 피해자가 빌미를 제공했기 때문이 아니라 범인이 범행하기로 결정했기 때문에 일어난다. 당신이 범죄 피해 없이 지내고 있다면 그것은 당신이 특별히 선하거나 잘나서가 아니라 단지 **아직**까지는 운이 좋았기 때문이다.

합의, 자본주의의 두 얼굴

제법 오랫동안 지원해 온 한 피해자가 최근 범인에게 합의금으로 500만 원을 받은 후 연락을 끊었다. 어느 정도 예상했던 일이었다. 많은 피해자가 범인에게 합의금을 받으면 연락을 끊기 때문이다. 혹자는 이를 두고 '돈으로 충분히 피해 보상을 받았기 때문'이라고 해석할지도 모르겠다. 하지만 실제로는 피해자의 무의식에 자리한 초자아가 죄책감을 느꼈기 때문인 경우가 훨씬 더 많다. 지그문트 프로이트에 따르면 초자아는 양육자와 상호작용하는 과정에서 내면화된 도덕적 원리에 의해 움직이는 정신 에너지다. 초자아가 잘 발달된 사람은 보상이나 처벌과 무관하게 사회적으로 바람직한 방향으로 행동하며 그렇지 못할 경우 죄책감과 수치심을 경험한다.

자본주의 사회이니 피해 보상을 '돈'으로 하는 것은 어쩌면 너무나 당연하다. 하지만 합의금을 받는다고 해서 갑작스럽게 외상 후 스트레스 증상이 없어지는 것도, 구부러지지 않아 일할 수 없었던 손가락이 갑자기 구부러지는 것도, 신체나 정신적 고통 속에서 보낸 시간을 되돌릴 수 있는 것도 아니다. 물론 합의금으로 피해 때문에 입은 크고 작은 경제적 곤란을 해소할 수는 있겠으나, 그것만으로 피해 회복이 온전히 가능해지리라 믿는 것은 환상에 불과하다. 그럼에도 불구하고 많은 피해자가 합의금 수령과 동시에 자신이 국가로부터 보호받을 권리가 사라졌다고 느낀다. 즉, 적지 않은 피해자가 합의를 통해 돈과 죄책감을 얻는 대신 피해자의 권리를 스스로 포기한다.

그 원인은 두 가지로 설명이 가능하다. 우리 사회가 자본주의를 표방하기는 하나 여전히 배금주의를 터부시하는 분위기가 지배적이다. 이런 가치를 내면화한 피해자라면 합의금을 받았다는 사실이 '돈 때문에 나쁜 사람과 손을 잡았다'는 감각을 초래할 수 있다(이러한 감각을 느끼는 것이 싫어서 합의하지 않는 경우가 많다). 결과적으로 자신은 더 이상 범인을 미워할 자격이 없다는 비합리적 사고가 고개를 들어 피해자로서 응당 받아야 할 국가의 보호와 돌봄을 회피하게 된다.

거의 모든 합의서에는 범인에 대한 처벌불원 의사 표시가 포함되는데, 이것이 피해자의 이런 생각에 기름을 붓는다. 범인을 처벌하고 싶은 마음이 굴뚝같아도 일단 합의하기로 한 이상 합의서에 처벌불원이라는 문구를 담지 않는 것은 불가능하다. 피해자가 범인의 처벌을 원치 않는다고 의사표시 하는 것은 가장 확실한 감형 사유이며, 피해자가 합의서에 처벌불원 의사를 명시하지 않는 한 범인이 합의금을 줄 가능성은 희박하다.

대부분의 경우 범죄자에게 합의금은 자신의 행위로 인해 피해자에게 초래된 고통에 대한 진심 어린 연민과 후회 그리고 보상의 의도가 아니라, 그저 형량을 낮추기 위한 수단에 불과하다. 이 때문에 피해자가 합의 요청에 응해주지 않는 경우에도 범인은 법정에서 합의를 위해 자신이 얼마나 노력했는지를 강조하고자 애쓴다. 이것이 여의치 않으면 법원에 금전을 공탁[20]하는 방식으로 재판부에 자신의 합의 노력을 보여주려 한다. 심지어 피해자 지원 단체에 기부한 영수증을 제출하기도 한다. 그리고 법원은 이를 피고인이 화해하고자 노력했다는 증거로 인정해 감형을 적극적으로 고려한다.

피해자가 합의 이후에 피해자의 권리를 스스로 포기하는 다른 이유로 인지 부조화(cognitive dissonance)를 해결하고자 하는 동기를 들 수 있다. 대부분의 피해자는 범인을 용서해서가 아니라 지극히 현실적인 상황으로 어쩔 수 없이 합의 요청에 응한다. 결과적으로 피해자는 범인을 용서할 수 없음에도 그를 용서했다고 말하는 모순에 빠진다. 즉 인지 부조화 상태에 놓인다.

인지는 주위 환경이나 자신 또는 자신의 행동에 관한 지식과 의견 등을 말한다. 인간은 자신의 인지와 일치하지 않는 내적 상태, 즉 인지 부조화 상태에 놓이면 자동적으로 부조화를 조화로 바꾸어 일관성을 확보하기 위해 노력한다.[21] 합의 후 피해자는 이미 벌어진 상황(합의)을 바꿀 수 없게 된 만큼 생각과 감정을 바꾸고자 애쓰는 과정에서 여전히 남아 있는 분노나 원망감 같은 부정적 감정이 부당하다고 생각하며 죄책감을 느끼곤 한다. 그뿐만 아니라 용서할 의사가 없더라도 일단 합의를 했으므로 자신에게는 더 이상 범인을 증오할 권한과 피해자로서의 권리를 요구할 자격이 없다고 생각하게 된다.

한 가지 주목할 점은 피해자들이 간혹 합의금 없는 합의서, 즉 금전적 피해 보상 없이 범인에 대한 형사처벌을 원치 않는다는 서약서를 써준다는 것이다. 그 이유는 대부분 합의해 주지 않는 것에 앙심을 품고 보복할지도 모른다는 두려움에 있다. 안타깝게도 현장에서는 범인이 합의하지 않는 경우 보복하겠다고 암묵적 혹은 명시적으로 협박하는 경우가 많으며 범인이 출소 후 실제로 보복하는 사례도 없지 않다!

이는 순전히 처벌불원 의사표시를 감형 사유로 인정하기 때문에 발생하는 문제다. 그간의 경험에 비추어 볼 때 보복 범죄를 저지른 범인의 의식 흐름은 대충 이렇다.

"범죄를 저질렀으나 그것은 하필 그때 내가 충동을 조절할 수 없었기 때문이고, 하필 그때 피해자가 그곳에 있었기 때문이다. 나는 억울하다. 그럼에도 불구하고 당장 처벌을 면하거나 형이라도 줄이기 위해 아량을 베풀어 피해자에게 합의 기회를 주고자 했으나, 피해자가 감히 내 제안을 거절했다. 내가 중형을 선고받는 건 모두 합의해 주지 않은 피해자 탓이다. 나는 계속 억울하다. 법이 내 억울함을 풀어주지 않으니 내가 친히 나서야겠다."

피해자가 합의금 없는 합의서를 써주는 또 다른 이유는 범인이나 범인의 가족에 대한 연민이다. 고등학생 딸이 집단 강간을 당한 후 투신자살한 사건에서 유족은 범인들이 딸과 같은 나이라는 이유로 그들의 미래를 위해 합의금 없는 합의서에 서명했다. 지인에게 폭행치상 피해를 입은 어느 피해자는 범인의 삶이 얼마나 고단한지 너무 잘 알기에, 그의 삶을 붙들어 주기 위해 합의금 없는 합의서에 서명했다. 나는 피해자의 이런 결정을 절대적으로 존중한다. 그러한 결정이 사건을 '과거'로 놓아주고 빨리 현재로 돌아오고 싶은 피해자의 욕구와도 맞닿아 있다는 것을 알기 때문이다.

다만 합의서를 제출하는 순간 원망할 대상이 사라지는 만큼 자책감과 허무감이 더 짙어질 가능성이 있기에 상담가로서 이를 다루기 위한 마음의 준비를 시작한다. 십수 년 전에 만났던 어느 성폭행 피해 아동은 반복적으로 사과하며 용서를 구하는 범인(친척)이 불쌍해서 "용서할게"라고 말한 것을 두고두고 후회해야 했다. 입으로 용서한다고 해서 마음속 분노와 공포, 두려움이 사라지는 것이 아님을 뒤늦게 깨달았기 때문이다.

용서는 상대가 청한다고 해서 가능해지는 것이 아니다. 상대를 위해 용서를 결심한다고 해서 마음속 상처가 저절로 치유되는 것도 아니다. 그럼에도 불구하고 우리 사회는 너무도 빈번하게 피해자에게 때 이른 용서를 구하는 것 같다. 심지어 법원조차 피고인에게 피해자와 합의할 시간을 넉넉히 주고자 애를 쓰는 방식으로 피해자에게 용서를 강권한다.

그럼에도 불구하고 대중은 합의한 피해자를 곱지 않은 시선으로 바라본다. 심지어 피해자가 비극적인 사건을 계기로 한몫 잡겠다고 욕심을 부린다며 노골적으로 비난하거나 혐오 반응을 보이기도 한다. 그래서 분명히 말하려 한다. 적어도 20년 가까이 범죄 피해자를 지원하는 과정에서 내가 목격한 바에 따르면, 형법 범죄의 합의금 액수는 적어도 대중이 예상하는 것보다는 형편없이 적다. 더욱이 대부분의 사건에서 합의를 요구하는 것은 범인이며 많은 피해자가 범인의 압박에 못 이겨 합의에 응한다. 간혹 피해자가 먼저 합의를 요구하는 경우도 있기는 하나, 과연 자본주의 사회에서 그들에게 손가락질할 권한이 있는 사람이 있을까?

말문이 막힌 사람들의 이야기

형사사건, 특히 성폭력 사건에서 늦게 폭로하는 비율이 높은 것은 이미 널리 알려져 있다. 이러한 현상은 폭로로 초래되는 2차 가해에 대한 두려움과 밀접한 관련이 있다. 폭로와 비폭로에 영향력을 행사하는 요인은 매우 다양하다. 가장 일관되게 보고되는 개인차 요인은 연령이다. 연령은 사건에 대한 이해와 진술에 필요한 언어 능력과 밀접한 관련이 있는데, 일반적으로 연령이 높을수록 폭로의 결과를 인식한 상태에서 의도적으로 이뤄지는 폭로의 비율이 증가하는 것으로 나타났다.[22]

가해자와 피해자의 관계도 비폭로에 영향력을 행사한다. 여러 연구에서는 가해자가 가족 구성원일 때 폭로가 더욱 어려워짐을 공통되게 시사한다.[23] 이러한 현상은 아동 성학대 순응증후군(child sexual abuse accommodation syndrome, CSAAS) 모델로 설명된다.[24] 이 모델에 따르면 성폭력 피해 아동은 친족인 가해자에 대한 두려움뿐만 아니라 폭로 결과에 대한 두려움 때문에 폭로하지 못하며 무력감에 빠져서 오히려 성적 학대를 수용하고 그것에 순응한다. 또한 오랜 시간 후에 폭로하더라도 그 진술이 설득력을 잃거나 폭로 후 스트레스 때문에 진술을 취소하는 경우가 많다.

폭로에 대해 보호자가 보일 반응을 피해자가 어떻게 예견하는지도 폭로나 비폭로의 결정에 영향을 준다. 많은 피해자가 자신의 폭로가 가족 내 갈등을 야기할지도 모른다는 두려움을 경험하며, 그것이 폭로를 어렵게 한다. 심지어 부모가 당황할지도 모른다는 생각만으로 폭로를 꺼리게 되었다는 연구 결과도 있다. 선행 연구들은 피해자가 자신의 환경이 폭로하기에 충분히 안전하다고 느끼지 못하거나, 자신의 말에 귀 기울이고 믿어줄 누군가가 없다고 느끼거나, 말해봤자 달라질 것이 없다고 생각하는 경우 폭로가 지연된다고 지적한다.[25]

심리와 정서적 요인도 외적 요인들과 상호작용함으로써 성폭력의 폭로를 방해한다. 사건으로 유발된 수치심과 자기 비난, 그리고 자신과 타인에 대한 두려움과 걱정은 폭로를 방해하는 요인으로 작용한다. 이는 책임감, 자기 비난, 수치심, 자신 혹은 타인에게 일어날 부정적 결과에 대한 두려움, 믿지 않을 것이라는 걱정이 아동 성폭력 피해의 폭로를 방해하는 가장 중요한 요인들로 나타난 연구에서도 잘 드러난다.[26]

폭로의 지연은 가정폭력이나 학교폭력 혹은 데이트폭력 등에서도 드물지 않게 관찰되곤 한다. 대부분이 폭로해도 도움받지 못하거나 오히려 비난받을지도 모른다는 두려움 혹은 고소로 형사사법 절차에 관여하게 됨으로써 받을 스트레스에 대한 걱정 때문에 좀 더 일찍 폭로하지 못한다.

그뿐만 아니라 비성적 폭력 사건이라고 해서 피해자가 항상 피해자로 존중되는 것, 그리하여 진정성을 의심받지 않는 것은 결코 아니다. 예를 들어, 낯선 취객이 갑자기 나타나 강제로 끌고 가는 것에 저항하다 뺨을 맞고 바닥에 넘어져 치아가 손상된 어느 피해자는 재판 과정에서 범인에게 돈을 뜯어내기 위해 뺨을 맞고 쓰러지는 척 쇼를 하다가 발을 잘못 디뎌 치아 손실에 이른 나쁜 사람으로 내몰렸다. 범인이 뺨 때린 것은 인정하나 피해자가 넘어진 일은 뺨을 때린 것에 의한 결과가 아니라고 주장했기 때문이다. 결국 이 사건에서 상해죄는 인정되지 않았다. 원거리에서 촬영된 CCTV에 범인이 손을 휘둘러 피해자 쪽으로 뻗는 장면과 피해자가 쓰러지는 장면이 담겼음에도 불구하고 말이다.

사안에 따라 범인이 쌍방 폭행이나 모욕죄, 명예훼손죄 등으로 맞고소하는 경우도 많다. 사실 여부와 무관하게 그것이 피해자를 압박하는 매우 훌륭한 수단이라는 것을 그들이 알기 때문이다. 이런 경우 피해자는 피해자임과 동시에 피의자 신분으로 적지 않은 기간 동안 형사사법 절차에 옭매여야만 한다. 그 과정에서 피해자임에도 불구하고 피의자 취급하는 세상에 대한 피해자의 억울함과 분노는 끝 모르게 고조된다.

이런 점들이 피해자에게는 고소를 주저하게 할 뿐만 아니라 고소 취하의 주요 원인이 된다. 현장 경험상 피해자가 고소를 꺼리거나 시간이 흐른 뒤에야 고소하는 이유는 매우 다양하며, 대부분 그들이 거짓말쟁이여서가 아니라 형사사법 절차에 발을 들여놓음으로써 겪어야만 하는 여러 부가적 스트레스에 대한 걱정과 두려움 때문이다.

이에는 이, 눈에는 눈

'친절한 금자씨'. 주인공 금자 씨가 억울한 누명을 쓴 채 13년간의 긴 수감 생활을 끝내고 출소해 치밀하게 준비해 온 사적 복수를 실행하는 내용을 담은 이 영화는 2005년 개봉해 크게 흥행했다. 사실 이 영화가 개봉되기 이전에도 그리고 개봉된 이후에도 사적 복수를 다룬 영화와 드라마 그리고 소설은 꾸준히 나왔다. 지금도 적지 않은 작가들이 복수를 주제로 한 작품을 준비 중일 가능성이 매우 높다.

우리는 왜 사적 복수라는 주제에 이처럼 매력을 느낄까? 그런 주제를 담은 작품을 창조하는 사람과 소비하는 사람 모두 우리가 살고 있는 이 사회에서 사적 복수가 엄히 금지되는 것을 알면서도 말이다. 아마도 그것은 국민적 정서에 비추어 가해자에게 선고되는 형량이 턱없이 적기 때문이리라. 여기에 '무전유죄 유전무죄'라는 말로 상징되는 사법부에 대한 불신이 더해지면서 공적 형벌이 공평하고 정의롭게 집행되지 않고 있다는 인식이 고조된 탓일 수 있다.

'눈에는 눈, 이에는 이'로 대변되는 인과응보적 가치는 인류의 집단무의식 속에 강하게 자리하는 핵심 신념이다. 받은 만큼 되돌려주는 것이 정의라는 믿음이 지켜지지 않았다면 인류가 그토록 많은 갈등 속에서 공동체를 형성하고 유지하며 살아오는 것이 불가능했을 수 있다. 이 때문에 함무라비 법전뿐만 아니라 성경을 포함한 여러 문헌에서 인과응보적 규율을 공통되게 언급하는 것이리라. 물론 이 규율이 "피해를 당하면 그 상대방을 응징해도 좋다"라며 복수를 부추기는 것이 아니라 "받은 만큼만" 돌려주는 것을 강조함으로써 과잉 보복을 방지하는 것을 목적으로 하고 있기는 하나, 배경으로 물러나 있던 '불공평함'이나 '억울함'이 스트레스 사건 때문에 앞으로 나올 때마다 이 문구가 자동적으로 회고되어 복수하고 싶은 충동을 일으키게 하는 건 분명하다.

수년 전 흉기를 사용해 누군가를 살해한 자의 부모가 유족으로부터 협박을 받아 임시 보호가 필요하다며, 내가 기관장을 맡고 있는 강력범죄 피해자 심리지원 전문기관에 긴급 입소를 요청한 적이 있었다. 의뢰자인 경찰에게서 들은 사건 내막은 이러했다.

"살인자의 부모가 자식의 형량을 낮추기 위해 피해자에게 죽음의 책임을 떠넘기는 내용을 소문으로 퍼트렸고, 이에 격분한 고인의 아버지가 살인자의 부모가 사는 집을 찾아가 잠긴 대문을 걷어차며 죽여버리겠다고 고함침으로써 생명의 위협감을 느끼게 했다."

이 사건으로 유족 측은 벌금형 처분을 받았으며, 살인자의 부모는 주거지 인근의 순찰 강화 등과 같은 보호조치를 받았다. 사적 보복이 금기된 까닭이다.

범죄 피해자 지원 현장에서 이와 유사한 상황들을 드물지 않게 목격한다. 어느 아버지는 자녀의 집단 폭행 피해 사실을 알게 된 직후 가해자 중 한 명의 집을 찾아가 항의하는 과정에서 기물을 파손한 사건으로 피소되어 벌금형을 선고받았다. 어느 어머니는 자녀의 성폭행 피해와 관련해 제삼자와 대화하는 과정에서 가해자의 실명을 언급한 일로 피소되어 벌금형을 선고받았다.

심지어 주거지에 침입해 사실혼 관계에 있던 사람을 살해한 범인과 맞서 싸우는 과정에서 범인이 사망하자 살인죄로 피소된 유족도 있다. 2년이라는 긴 수사 끝에 정당방위가 인정되어 불기소 처분되었기는 하나, 그 시간 동안 그는 사랑하는 사람의 죽음을 애도할 권리를 박탈당했고 살인자로 낙인찍혀 공동체로부터 배척당했다. 또한 사건이 언론을 통해 왜곡되어 전파되면서 수없이 많은 비난과 악의적 댓글에 시달려야 했다.

이런 현실 때문인지 사법부의 판결에 불만족해 '보복 환상'에 몰입하는 범죄 피해자가 많다. 살인, 사체 손괴와 유기 같은 끔찍한 범죄일수록 복수하고자 하는 충동은 더욱 강렬해진다. 살인 사건으로 자식을 잃은 어느 어머니가 심리 상담 시간에 이율이 꽤 높은 장기목돈마련적금을 들었다면서 처음으로 옅은 미소를 지은 적이 있었다. 그 적금의 만료 시기는 살인자가 출소하는 해였다. 그의 계획은 그 돈으로 범인이 출소하는 날 교도소 문 앞에서 범인을 살해해 줄 청부살인업자를 고용하는 것이었다.

나는 "그러셨군요"라는 짧은 말과 끄덕임으로 공감과 연민을 표현하는 것 말고는 아무것도 하지 않았다. 그것은 그런 '상상'이 유족을 달랠 유일한 수단임을 잘 알기 때문이었고, 피해자나 피해자의 가족이 사적 복수의 열망을 실행에 옮기는 경우가 극히 드물기 때문이었기도 하다.

대개 범죄 피해자들의 서슬 퍼런 분노와 복수심은 시간 경과에 따라 서서히 감소하며 놀랍게도 많은 피해자가 피해 경험을 자신의 삶에 통합한다. 이는 범죄가 피해자에게 미친 영향이 가벼워서가 아니라 순전히 피해자들의 선한 의지가 '사적 복수 역시 또 다른 범죄에 불과할 뿐'임을 간과하지 않게 만든 덕분이다!

물론 사건 후 오랜 시간이 흘러도 범죄 트라우마로부터 회복되지 못하는 (심지어 시간이 지날수록 삶이 더 황폐해지는) 피해자들도 있다. 하지만 그들의 회복이 더딘 것은 그들에게 선한 의지가 없기 때문이 아니라 내적 치유를 방해하는 제3의 요인들이 존재하기 때문이며, 아직 충분한 시간이 지나지 않은 것일 뿐이다.

나가며

강력범죄 사건이 발생하면 피해자 지원 실무자, 119 구급대, 피해자 국선변호사 등과 같은 특수 집단을 제외한 대부분의 사람은 범죄의 잔혹성과 발생 원인에 주목하고 자신이 피해 당사자가 되지 않기 위해 무엇을 할 수 있을지를 고민하며, 그 과정에서 범죄 피해자의 존재는 소홀히 다뤄지거나 쉽게 잊힌다. 하지만 피해 당사자에게 사건은 몇 주에서 몇 년, 심지어 수십 년 동안 '현재'로 플래시백(flashback)[27], 악몽, 침습적 사고 등의 형태로 밀려온다. 트라우마 후 과정은 피해자마다 너무도 달라서 경험 많은 상담가조차 헤아려 짐작할 수 없는 경우가 많다. 이것이 범죄 피해자 상담 전문가들이 피해자에게 감히 '이해한다'고 말하지 말라고 조언하는 이유다.

그럼에도 불구하고 사람들은 매체나 소문을 통해 수집한 파편적인 (때로는 왜곡된) 정보를 토대로 너무 쉽고 빠르게 범죄 피해자에 대한 오해와 편견을 가지며, 때로는 정당한 이유 없이 그들에게 다양한 굴레를 씌우기도 한다. 가까운 혹은 먼 미래에 지독히도 운이 없는 어느 날 자신이 강력범죄 피해자가 되어 그 굴레를 뒤집어쓰는 당사자가 될 수 있다는 생각은 꿈에서조차 하지 못하면서.

국가의 다양한 노력에도 범인이 마음을 먹는 순간 누구나 쉽게 강력범죄 피해자가 될 수 있다. 이것이 지금부터라도 피해자들이 범죄 피해에도 불구하고 여전히 우리의 소중한 이웃으로 남아 살아가도록 더 많은 관심과 노력을 기울여야 하는, 이기적이지만 지극히 현실적이고 절박한 이유다. 정상적으로 기능하는 사람은 개개인의 차이를 받아들일 줄 알고 타인의 인간성을 인정한다.[28] 강력범죄 피해자에 대한 오해와 편견을 내려놓고 그들이 우리와 다른 방식으로 행동할 수 있음을 인정하는 것은 피해자를 위해서가 아니라 우리가 살아가는 사회 전체의 건강성 증진을 위해 반드시 필요한 작업이다.

작은 배려와
존중의 큰 힘

• • •

진술 조사를 받을 때, 사건을 다시 생각하는 것만으로도 되게 힘들어서 중간에 화장실 가서 헛구역질을 했어요. 그래도 버텨보려고 감정을 차단하고 애써 침착하게 이야기했는데, 그게 조사하는 분한테는 이상해 보였는지 피해자답지 않다고 저를 막 혼냈어요.

_성폭행 피해자의 진술에서 발췌

2008년 12월, 소위 조두순 사건이 발생했을 때 나는 성폭력 피해 아동을 지원하는 기관에서 4년 넘게 고군분투하던 중이었다. 사건 직후 피해자 지원 계획을 세우기 위해 한자리에 모여 있던 우리는 피해자의 몸에 남은 범죄의 끔찍한 결과들을 목전에 두고 말문이 막혔다. 우리 중 누군가는 피해자가 겪었을 고통을 떠올리며 눈시울을 붉혔고, 다른 누군가는 멍하니 하늘만 바라보았으며, 또 다른 누군가는 벌겋게 충혈된 눈으로 범인을 향해 욕을 퍼부으며 자리를 떠나기도 했다. 하지만 범행 당시 만취한 상태였다는 이유로 법원은 그에게 적지 않은 은혜를 베풀었고, 선고된 형량은 고작 12년이었다. 대중은 분노했고 이것을 계기로 성폭력 사건에서 주취를 감형 사유로 적용하지 않을 수 있게 되었다. 하지만 여전히 성폭력 이외의 범죄에서 주취는 중요한 감형 사유이며, 이 때문에 국민신문고에 그것의 부당함을 고하는

청원이 반복해서 올라오고 있다.

근대에 접어들어 국가 공동체가 형성됨에 따라 국가가 형벌권을 독점해 일괄적으로 범죄자를 처벌함과 동시에 범죄로부터 국민을 보호할 책임과 의무를 지게 되었다. 따라서 원칙대로라면 정의 구현을 위해 국가는 피해자가 형사사법 절차 전반에서 존중받으며 제대로 처우되게 할 의무가 있다.[1] 하지만 범죄자가 무죄추정의 원칙을 기반으로 방어권과 절차참여권을 향유하고 있는 것과 달리, 피해자는 오랫동안 형사사법 체계 내에서 당사자가 아니라 범죄자 처벌에 필요한 정보를 가지고 있는 참고인, 최악의 경우 잠재적 무고자로 처우되어 왔을 뿐이다.[2] 심지어 범행 당시 술을 마셨다는 이유로 감형받는 범죄자와 달리, 피해 당시 술을 마셨다는 이유로 피해자 유발론이 제기되기도 한다.

물론 2005년 범죄피해자보호법[3]이 제정됨에 따라 적어도 법적으로는 범죄 피해자의 수사와 재판 절차 참여권이 보장되고 있다(제2조2항과 제8조 등). 하지만 이 글을 쓰는 지금도 현장에서 만나는 피해자의 처지가 이전과 크게 달라지지는 않은 것 같다. 여전히 피해자는 형사소송 과정에서 당사자가 아닌 주변인의 지위만을 지닐 뿐이다.

평소에는 인간의 비합리적 사고 경향성을 인식하고 누군가의 실수를 흔쾌히 용서하는 넉넉함을 충분히 발휘하던 사람들이 놀랍게도 누군가가 범죄 피해자가 되는 순간, 그가 매 순간

합리적이고 이성적인 판단을 내리고 그에 맞게 대응하기를 기대한다. 그리고 피해자의 대응이 자신들의 기대에 부합하지 않으면 진정성을 의심하곤 한다. 안타깝게도 형사사법 절차 내 의사 결정자들의 사고 흐름 역시 대중과 크게 다르지는 않은 것 같으며, 그것이 피해자의 형사사법 절차 내 열악한 지위와 만남으로써 2차 피해가 발생할 가능성이 높아진다. 이에 대한 이해를 넓히기 위해 지금부터 피해자의 형사사법 절차상 경험을 좀 더 자세히 살펴보겠다.

고단한 수사 과정을 견디게 해주는 작은 배려

신고

112에 전화해서 되게 다급한 목소리로 "지금 사람이 죽어가고 있어요. 빨리 좀 도와주세요"라고 했는데, 전화받는 분이 "일단 진정하시고요, 바로 근처 파출소 지원해서 보내드릴 겁니다. 금방 갈 거에요. 너무 급하게 생각하지 말고 진정하세요"라고 차분하게 얘기를 해주셨어요. 덕분에 진정이 많이 됐어요.

_폭행치상 사건의 목격자이자 피해자 가족의 진술에서 발췌

많은 사건이 피해자나 목격자의 112 신고를 통해 수사기관에 인지된다. 이런 경우 112 신고 접수 경찰의 자세와 태도는 피해자의 심리적 안정에 매우 중요하며, 피해자가 고단한 형사사법 절차를 견디게 해주는 일종의 예방주사와 같은 역할을 한다. 이는 112 신고 접수 과정에서 경찰과 처음으로 접촉한 피해자들이 차분하고 지지적인 태도를 경찰이 보여줄 때 큰 도움이 되었다고 공통되게 보고하는 것에서도 잘 알 수 있다.[4]

이런 경찰의 태도는 숙련된 전문가가 나를 도와주리라는 희망을 가지게 할 뿐만 아니라 국가로부터 보호받고 있다는 감각을 강화하는 것 같다. 반대로 접수 경찰이 부적절하게, 예를 들어 피해자를 가르치려고 들거나 넌지시 진정성을 의심하거나 무심하게 반응하는 경우 피해자에게 적지 않은 좌절감이 유발되며 범죄로 인한 억울함과 분노가 심화될 수 있다.

현장 출동과 조사

출동하는 과정에서 경찰이 문자를 계속 보냈어요. '지금 어디다', '어디로 갈 거다' 이런 거요. 도착해서도 막 제가 정신없는 상태였는데 따듯한 음료를 갖다주고요. 원래 막 놀라고 했을 때는 좀 혼자 놔두는 게 오히려 낫잖아요, 옆에 와서 계속 뭐라고 하는 것보다는. 그렇게 할 수 있도록 유리 벽으로 된 방에서 생각을 정리할 수 있게 해주셨어요.

_폭행치상 사건의 피해자 진술에서 발췌

전화하자마자 바로 오셨더라고요. 필요한 거 있냐고 물어보고 바로 안전한 데로 옮기겠다고 말하더니, 안전하게 느낄 만한 데를 찾아 주셨어요. 제가 증거 다 챙겨서 나오니까 지퍼 백에 알아서 담아주 셨고, 되게 잘 해주셨어요. 차도 사람들 안 보이게 몰래 끓여다 주 고, 증거 잘 챙겼냐고 한 번 더 물어봐 주셨어요. 연락하라고 명함 도 주시더라고요. 되게 안정감이 들었어요, 그분들이 있어서.

_특수강간치상 사건의 피해자 진술에서 발췌

112 신고를 하는 경우 경찰이 피해자가 있는 곳으로 출동하 게 되는데, 출동 과정에서 경찰이 했던 행동 중 피해자가 심리 적 안정과 회복에 도움이 되었다고 보고하는 것들에는 문자를 자주 보내 안심시켜 주는 것, 하고 싶은 말을 실컷 할 수 있도록 허용하는 것, 도착 즉시 피해자를 안전한 장소로 이동시켜 주는 것, 혼자 있을 시간을 주어 생각을 정리하도록 하는 것, 친한 사 람을 불러 함께 있게 해주는 것, 알아서 물이나 음료 등 필요한 것을 제공해 주는 것, 현장 조사 후 어떤 절차가 진행될지를 미 리 설명하는 것, 필요하면 언제든 연락하라며 전화번호를 주는 것 등이 있다.[5] 이런 행동이 피해자에게 경찰이 자신의 사건을

적극적으로 수사하고자 하는 의지가 있다고 느끼도록 해줄 뿐만 아니라 경찰을 전문가로 인식하고 믿도록 하는 것 같다.

하지만 모든 피해자가 이처럼 연민 어린 태도로 시의적절한 지원을 해주는 경찰을 만나는 것은 아니다. 어떤 강간 사건에서 현장에 도착한 경찰은 '별일 아닌데 왜 불렀느냐'는 듯한 태도를 보이면서 자신이 최근 발생한 살인사건 때문에 얼마나 바쁜지를 피해자에게 토로했다. 어머니가 살해당하는 장면을 목격한 아들이 다급하게 거리로 뛰쳐나갔다가 마침 순찰 중이던 경찰차에 도움을 청한 사건에서, 경찰은 느린 속도로 주행해 현장에 도착한 뒤 팔짱을 낀 채 끔찍한 사건이 터진 것을 개탄하는 것 외에 아무런 조치도 하지 않았다. 심지어 심폐소생술을 하느라 여력이 없던 유족이 다급하게 119 구급차 좀 불러달라고 소리쳤으나 그는 이 역시 단호하게 거절했다.

물론 이런 문제가 극히 일부 사례에서만 발생하는 것일 수도 있다. 그래서 누군가는 현장 출동 과정에서 2차 피해를 당한 피해자에게 '운이 지독히도 나빴다'는 말로 위로하려 들지도 모른다. 하지만 범죄 피해 후 국가의 도움을 받는 것조차 '운'에 맡겨야 할까? 운이 나빠 범죄의 표적이 되었는데, 형사사법 절차에서조차 운에 기대어 요행을 바라야 하는 것이 과연 공정한가?

고소

수사의 개시를 위해서는 범죄 단서가 필요하며, 이 단서는 경찰의 인지, 범인의 자수, 신고, 진정, 고소 혹은 고발을 통해 수집된다. 범죄 피해자가 112에 신고하는 경우, 경찰이 현장에 출동해 피해자에게 간이 진술서를 받으며 이후 담당 경찰관이 배정되어 수사가 개시된다. 이 때문에 많은 피해자가 별도로 고소장을 접수할 필요가 없다고 생각하는 경우가 많으나, 고소장을 내지 않으면 '고소'가 아닌 '인지' 사건으로 처리된다. 일반인의 견지에서는 신고에 의한 인지 사건이든 고소 사건이든 어차피 경찰이 수사해서 범인에게 벌을 주는 과정이라는 점에서 큰 차이가 없어 보일 수 있다. 하지만 피해자의 권리라는 측면에서 둘은 상당한 차이가 있다.

고소는 고소권자가 수사기관에 범죄 사실을 신고해 범인을 처벌해 달라고 요구하는 것이고, 신고는 처벌 요구 없이 단순히 '이런 사건이 발생했다'고 알리는 것으로 누구라도 가능하다. 이 때문에 사건이 불기소되는 경우 고소 사건에서는 기소 여부를 다시 판단해 달라고 하는 것을 의미하는 항고·재항고[6]와 재정신청[7]이 가능하지만, 인지 사건에서는 피해자에게 이러한 권한이 주어지지 않는다.[8] 또한 형사소송법 제257조에 따라 고소 사건은 3개월 이내에 처리하도록 규정되어 있으나 인지 사건에는 이러한 제한이 없다. 그뿐만 아니라 고소 사건은 사건 결과를 고소인에게 서면으로 통지해야 하나 인지 사건은 별도의 신청이 없는 한 통지할 의무가 없다. 따라서 경찰이 범죄 피해자에게 신고와 고소의 차이 그리고 항고권 등에 대해 적극적으로 설명해 줄 필요가 있지만, 안타깝게도 적절한 설명을 듣지 못해 고소장을 내지 않아 불이익을 받는 경우가 드물지 않다.

한편 고소를 결심하고 고소장을 접수하는 과정도 피해자에게 녹록지 않은 경험이 되곤 한다. 특히 많은 피해자가 고소 접수 관련 담당자들이 정보 제공과 절차 설명 그리고 과정 지원에 매우 인색했다고 보고한다. 어떤 경찰관은 고소장 접수 후 공황 상태에 놓여 있던 미성년 피해자를 홀로 귀가하도록 했다. 또 다른 경찰관은 피해자가 경찰서에 방문한 목적을 일목요연하게 설명하지 못하고 두서없이 말하자 제대로 말하지 못한다며 짜증을 냈다. 어느 피해자는 "증거 있어요?"라는 경찰관의 말을 듣고 당황해서 그냥 집으로 돌아와야 했고, 또 다른 피해자는 경찰관으로부터 "무고죄가 얼마나 무서운지 아느냐?"라는 말을 듣고 이유 없이 겁을 먹어야 했다. "고소해 봐야 처벌 수위가 터무니없이 낮은데 굳이 할 필요가 있느냐"라는 말을 듣고 억울함에 치를 떨어야 했던 피해자도 있다.

맞다. 증거가 없으면 범인을 처벌하기 어려운 것이 당연하고 무고죄는 엄히 처벌되어야 마땅하다. 고된 법적 다툼 끝에 요행히 범인에게 유죄가 선고된다고 해도 대부분의 경우 처벌 수위가 피해자의 기대에 미치지 못하는 것도 사실이다. 그런 면에서 경찰관이 피해자에게 하는 말들은 단순히 겁주기 위한 것이 아니라 고소 과정에서 겪을 어려움들을 예상한, 지극히 현실적이고 진심 어린 조언일 수 있다(실제로 경찰관들은 선의로 그러한 말을 할 수밖에 없다고 주장하기도 한다).

하지만 피해자는 오랜 고민 끝에 용기 내어 고소를 결정하곤 하며, 고소하고 나면 국가를 대신해 경찰이 전부 알아서 해주리라는 믿음을 가지고 경찰서를 찾는다. 당연히 경찰관이 자신에게 '피해자인 당신을 보호하고 피해의 결과를 최소화하도록 경찰이 최선을 다하겠다' 말해주리라고 기대한다. 또한 경찰이 (피해자에게 증거 있느냐고 묻는 것이 아니라) 과학수사를 통해 증거를 직접 확보하며, (무고 가능성을 먼저 의심하는 것이 아니라) 피해를 주장하는 사람의 말에 귀 기울여 주고, (처벌 수위를 걱정하는 것이 아니라) 피해자의 안위를 먼저 걱정해 주리라고 믿는다.

이런 피해자에게 경찰의 지극히 현실적인, 좀 더 솔직히는 '경찰이 헛수고할 가능성을 줄이는 것'에 초점 맞춘 직설적인 조언들은 상처에 뿌려지는 소금과 같다. 범죄 피해자에게 경찰은 국가 권력의 대리자로 지각된다. 따라서 경찰이 날것 그대로 전달하는 현실적인 정보들은 피해자에게 '범죄 피해에도 불구하고 국가로부터 보호받지 못한다'는 인상을 줄 수 있다. 설사 그것이 오로지 피해자를 위한 진정한 선의였다고 해도.

수년 전 해외에서 사업을 하던 아들이 갑자기 연락 두절되어 수사기관에 신고한 노모는 수사가 발 빠르게 진행되지 않는다고 느껴 현지에서 사설탐정을 고용한 뒤 힘겹게 아들의 시신 일부를 찾아 귀국했다. 이 사건으로 상담가를 찾아온 노모는 경찰이 사건 처리와 관련된 정보를 전혀 말해주지 않고 불친절하고 냉담했다며 서러워했다. 이에 상담가는 그의 하소연을 귀 기울여 듣고 공감해 주면서 심리지원 절차를 설명하고 심호흡 등 안정화 기술을 훈련시킴으로써 최소한의 통제감을 회복하도록 도와주었다. 그리고 헤어지기 전에 다음 상담 일정을 (종종 많은 피해자가 사건 후 심해진 건망증 때문에 잊곤 하므로) 메모지에 적어서 주었다.

그런데 놀랍게도 다음 날 경찰서에 방문한 노모는 수사 담당자에게 상담가가 얼마나 불친절하고 냉담하고 비공감적이었는지를 토로했으며, 상담 기관으로부터 어떠한 지원도 받지 못했고 심지어 다음에 만날 약속조차 잡아주지 않았다며 화를 내었다. 정도의 차이는 있겠지만 범죄 피해자 지원 현장에서 이와 비슷한 현상은 그리 드물지 않게 관찰된다. 왜일까?

범죄 직후 피해자에게는 세상이 악의적인 사람으로 가득 찬 위험한 공간으로 인식된다. 그래서 그들은 마치 고슴도치처럼 자기 보호를 위해 한껏 긴장하고 예민하며 까다로운 상태가 된다. 결과적으로 평소라면 그저 웃고 넘어갔을 가벼운 농담이나 우스갯소리, 누군가의 의미 없는 기침 소리, 가벼운 어깨 스침, 심지어 지원에 필요한 정보를 수집하기 위한 실무자의 질문조차 공격이나 비난 혹은 조롱으로 인식되는 것 같다. 다행히 대부분의 피해자는 시간 경과에 따라 충격으로 손상되었던 뇌 기능이 회복되어 사건 전과 같은 상냥한 모습을 조금씩 되찾아 간다. 살인 유족인 노모 역시 점차 점잖고 배려심 있는 이전의 모습을 되찾았으며, 그로부터 여러 해가 지난 현재는 실무자들을 격려하는 따듯하고 지혜로운 어른의 모습을 보여주고 있다.

이러한 피해자의 특징에 대한 이해가 부족한 경우 피해자를 잘못 판단할 가능성이 높으며, 최악의 경우 본래 악의적이고 착취적이며 죄책감 없이 거짓말하는 사람이라고 오해하기도 한다. 이런 실수는 경찰뿐만 아니라 피해자 지원 실무자도 드물지 않게 범하는데 그로 인해 본의 아니게 냉담하고 거부적인 방식으로(때로는 공격적인 방식으로) 피해자를 대함으로써 심각한 2차 피해를 초래하곤 한다. 피해자가 사건 직후 만나는 인물이 그들임을 감안할 때 그 충격은 매우 강력하고 오래 지속될 수 있다.

선의는 받는 사람이 그것을 '선의'로 지각해야만 비로소 선의가 된다. 더욱이 경찰은 범죄 수사 영역에서 전문가(여야만 한)다. 따라서 그들은 자신이 주고 싶은 정보가 아니라 피해자에게 필요한, 그리고 궁극적으로 이익이 될 정보를 날것 그대로가 아니라 세심한 배려와 연민을 담아 시의적절하게 효율적으로 전달해야 한다. 그래야만 범죄 전문가라 불릴 자격이 있지 않을까?

사망 고지

한창 바쁠 시간에 일하느라 정신없는데 모르는 번호로 전화가 자꾸 오더라고요. 하도 울리니까 받았는데, "김○○이 아버지 되냐"라고 물어요. '그렇다'고 했더니 우리 애가 병원 응급실에 있다는 거예요. 보이스 피싱인 줄 알고 막 화를 내고 끊었어요. 근데 애 엄마한테도 전화가 오더라고요. 아, 이거 뭔가 잘못되어도 단단히 잘못됐다 싶었죠. 운전할 정신도 없어서 택시 잡아타고 병원에 도착해 보니 애는 이미 현장에서 죽었다고 하더라고요.

_살인사건 유족의 진술에서 발췌

살인사건의 경우 유족이 공동 피해자나 목격자가 아닌 한, 경찰이 유족에게 사망 소식을 알리게 되며 이 과정을 사망 고지 (death notification)라고 한다. 살인사건으로 가족이 사망했다는 소식이 트라우마적이라는 것에 이의를 제기할 사람은 아마 없을 것이다. 그렇기 때문에 사망 고지는 고도로 주의 깊고 배려 있으며 섬세하게 계획되고 실행되어야 한다. 해외 주요국에서는 이러한 중요성을 인식하고 수사관을 대상으로 밀도 있게 사망 고지 훈련을 실시하고 있으며 관련 지침서도 다수 개발되어 있다.

사망 조사 분야의 전문가 커뮤니티인 코로너 토크(Coroner Talk)에서는 부득이한 경우를 제외하고 소식을 들은 유족이 충격으로 인해 보일 반응을 예상하고 그것에 적절히 대비하도록 훈련받은 **최소 2인**의 수사관이 가능한 한 빨리 유족을 **직접** 만나 사망을 고지하도록 권고한다. 유족이 멀리 떨어져 살아도 전화가 아닌 직접 방문을 통해 통보하는 것이 중요하다. 현실적인 이유로 전화를 통해 통보해야만 하는 경우에는 좋지 않은 소식을 듣게 될 것임을 미리 알리고 옆에 도움을 줄 누군가가 함께 있도록 하는 등의 조치를 해야 한다.

사망 고지에서 가장 중요한 것은 연민 어린 태도다. 이를 강조하기 위해 전문가들은 "기억하라, 사망 고지자인 당신이 사망 고지를 위해 가져가는 가장 중요한 것은 '연민'이다"라고 말한다. 또한 사망 고지는 간결하고 솔직하게 이뤄져야만 한다. 고지자는 고지를 들을 유족과 고인의 관계를 확인하고 유족의 건강이 어떤지, 유족이 돌봐야 할 노인 또는 어린 자녀가 있는지를 미리 파악해서 발생 가능한 문제에 대비해야 한다. 유족의 질문에 솔직하게 대답하되, 불필요하며 오해를 일으키거나 충격을 심화할 만한 정보를 전달하는 것에는 상당히 주의해야 한다.

또한 사망 고지 후 유족이 보이는 정서적 반응을 허용하되,

고인이 살아 있을지도 모른다는 거짓 희망을 갖도록 하거나 '신의 뜻입니다', '당신의 고통을 이해합니다', '좋은 곳으로 가셨을 것입니다'와 같은 말은 금해야 한다. 거짓된 희망의 메시지는 죽음을 수용하는 것을 방해할 뿐이며, 유족의 고통을 제삼자가 넘겨짚어 헤아리거나 이해하는 것 따위는 불가능한 일이기 때문이다.

사망 고지 직후 고지자인 경찰관이 바로 현장을 떠나는 것은 매우 위험하다. 고지자는 충격으로 혼란스러워하는 유족을 도와줄 지인에게 연락을 취하도록 하거나 유족의 질문에 충분히 대답하고 필요한 자원을 연결해 주어야만 한다. 신원 확인을 위해 시신을 확인해야만 하는 경우 유족에게 최대한 잘 수습된 시신을 보여주어야 하며, 가장 훼손이 적은 부위를 보도록 배려해야 한다. 그리고 시신의 확인 여부를 유족이 선택하도록 해야 한다.

유품과 관련해서 유족이 사망 사실을 받아들이는 것에만 며칠 이상이 걸리곤 하므로 사망 고지 시 고인의 유품을 가지고 가는 것은 금기시된다. 다만 유족이 어느 시점에서든 유품을 요구할 수 있으므로 유품의 회수 절차를 유족에게 알려줄 필요가 있다. 유품을 돌려줄 때 가장 주의해야 할 점은 쓰레기봉투 같은 것에 담아 주지 않는 것이다. 유품을 쓰레기봉투에 담아 주다니, 말도 안 되는 소리로 들릴 수 있다. 하지만 검은색 비닐봉지에 담긴 유품을 돌려받는 사례가 드물지만 분명 존재한다.

예를 들어, 살인사건으로 할머니를 잃은 어느 유족은 사건 발생 한 달 후 경찰에게 고인의 유품이 담긴 검은 비닐봉지를 받았다. 그가 내용물을 확인하기 위해 봉투의 매듭을 푼 순간 생애 처음으로 맡아보는 역한 냄새가 코를 찔렀다. 그 속에는 고인이 사망 당시 입고 있었던 피 묻은 의류가 담겨 있었다. 이 일 이후로 그는 의학적 문제가 없음에도 후각을 완전히 상실했다.

최근 경찰관이 코드 제로, 즉 긴급 출동 명령을 받고도 현장에 도착해 뒷짐 진 자세로 천천히 걸어 다녀 국민적 공분이 일었던 사건이 있다. 그 사건의 유족이 고인이 사망한 지 하루 뒤에서야 경찰로부터 전화로 사망 소식을 들었다며 울분을 토해냈다는 보도에서도 잘 드러나듯,[9] 우리나라에서 사망 고지는 여전히 전화로 건조하고 부주의하며 때때로 무례하게 이뤄지곤 한다. 물론 모든 사건에서 그런 것은 분명 아니다. 2인의 경찰관이 직접 집에 찾아와 연민 어린 자세로 사망 소식을 전하고 유족이 시신을 볼 수 있도록 경찰차로 이송해 주는 사례도 적지 않다.

하지만 사랑하는 사람의 죽음을 알게 되는 것은 삶에서 가장 고통스러운 경험이 될 가능성이 매우 높으며 죽을 때까지 잊을 수 없는 충격적인 순간임을 감안할 때, 단 한 건이라도 부적절한 방식으로 사망 고지를 하지 않도록 각별히 주의해야 한다. 수사관 입장에서 살인사건으로 인한 누군가의 죽음이 수사해야 할 하나의 '사건'에 불과할 수도 있겠다. 하지만 유족에게 고인은 목숨과도 바꿀 수 없는 소중한 사람이며 삶의 전부일 수 있다.

나의 상담실 벽장에는 몇몇 유족들이 어떻게 처리해야 할지 몰라 맡겨둔 유품이 있다. 고인의 신발이나 의류, 사진 등 종류는 다양하다. 고인의 흔적을 모두 지우고 싶어 하는 유족이 있는 한편, 어느 것 하나도 사라지지 않기를 바라는 유족이 있다. 다른 한편에는 지우고 싶지 않은 흔적이지만 볼 때마다 너무 가슴 아파 견딜 수 없어 고통스러워하는 유족도 있다. 그들이 내게 유품을 맡기는 고객이다. 유품 처리를 고심할 때 나는 흔쾌히 내 상담실의 벽장 한 칸을 내어드린다. 나중에 결심이 서면 그때 처리할 수 있게. 유족들은 고인의 흔적 하나 처리하는 것조차도 견딜 수 없이 고통스러워한다. 그들에게 사랑하는 사람을 잃었음에도 이 세상이 여전히 조금은 살 만하다는 감각을 느끼게 해주기 위해서는 사건 직후 만나는 초기 대응자의 배려가 결정적으로 중요하다.

수사 과정

강력계 사무실은 아주 작았지만, 그래도 문이 잠기더라고요. 밖에서 들어오려면 두세 번 정도 잠긴 걸 열고 들어와야 하는 구조였는데, 그 안에 들어가니까 조금씩 진정이 됐어요. 그놈이 거기까지는 못 쫓아올 것 같아서….

<u>피해자의 지위</u> 형사사건에서 당사자의 지위를 가지는 범인과 달리, 피해자는 참고인의 지위를 부여받는다. 이 때문에 증거가 분명한 사건의 경우 수사 과정에서 피해자에게 사건에 대해 말할 기회가 충분히 주어지지 않는 경우가 많다. 심지어 믿기지 않겠지만 고소 후 피해자 조사가 한 번도 이뤄지지 않은 채로 기소되는 경우도 있다. 예를 들어, 폭행치상 사건의 어느 피해자는 수사기관 조사를 기다리던 중 사건이 기소되어 공판이 열릴 것이라는 통보를 받았다. 그는 1심 첫 공판을 방청하고 나서야 범인의 주장에만 의거해서 공소장이 작성되었음을 알고 당혹했다.

　살인사건으로 동생을 잃은 어느 유족 역시 수사 과정에서 경찰과 검찰로부터 어떠한 연락도 없기에 알아서 잘 처리해 주겠거니 하고 믿고 있다가 뒤늦게 공소장을 보고 나서야 무엇인가 잘못되어도 한참 잘못되었음을 알게 되었다. 고인이 된 동생은 성폭행 미수범이, 그리고 범인(피고인)은 성폭행을 막다가 의도치 않게 동생을 사망하게 한 과실치사범이 되어 있었던 것이다. 다행히 2심 재판 과정에서 동생에게 성폭행당할 뻔했다던 여성의 주장이 거짓이었음이 드러나 고인에게 찍혔던 '성폭행 미수

범'이라는 낙인은 지울 수 있었다. 하지만 끝내 범인은 살인죄가 아닌 과실치사죄로 처벌받았다.

역설적이게도 증거가 부족한 사건에서는 피해자가 피의자 못지않게 (때로는 피의자보다 더 자주) 수사기관에 불려가 조사를 받아야 하며, 그 과정에서 무고 가능성을 염두에 둔 수사관의 날 선 질문에 난도질당할 각오를 해야 한다. 이때 피해자는 잠재적 '무고 피의자'의 지위를 강제로 부여받지만 정작 '피의자'는 아니기 때문에 (피의자와 달리) 국선변호인의 도움조차 받을 수 없다!

피해자 조사 방식 사건 후 피해자에게 가장 중요한 것은 바로 '범인으로부터 안전하게 보호받고 있다'는 감각을 확보하는 것이다. 이를 위해서는 사무실과 분리된 별도의 조사실에서 면담을 진행하는 것이 중요하다. 그러나 성폭력 사건이거나 아동과 장애인이 피해자인 경우를 제외한 나머지 사건에서 피해자가 조사받는 환경은 피의자의 그것과 별반 다르지 않다.

아무래도 장소가 다른 경찰이나 여러 피의자와 피해자가 왔다 갔다 하는 곳이어서 제 진술이 남들에게 언제든 들릴 수 있는 상황인데다가, 형사들이 밖에서 들어오면서 "어? 무슨 사건이야?" 이렇게 물어보면 담당 경찰이 제 앞에서 데이트폭력 사건이고 뭐 어쩌고 설명해 주고…. 그러면은 그냥 '아' 하고 가시는 분도 있지만 어떤 형사님은 '아가씨 그러니까 다음부터는 조심해서 만나' 이런 식으로 말씀을 하시고. 그때는 진짜 그 자리에 있는 것 자체가 너무 싫었어요.

_폭행치상 사건 피해자의 진술에서 발췌

특별한 이유가 없는 한 피해자는 경찰서에서 피의자가 조사받는 곳과 같은 장소에서 조사를 받으며, 피의자와 동시에 조사받기도 한다. 조사 중에 지나가던 경찰관이 불쑥 끼어들어 훈수를 두거나 피해자의 행실을 비난하기도 한다. 심지어 어떤 살인사건 유족은 눈앞에서 경찰들이 사건의 주요 증거를 서로 보여주며 나누는 대화를 들어야만 했다.

경찰 사무실에서 그냥 조사받았어요. 강력계 형사가 종이 쇼핑백에다 소화기랑 칼이랑 바가지를 들고 들어오길래 필요한 걸 샀거니 했는데…. 이 사건 증거물이라면서 하나씩 꺼내서 저랑 대화하던 경찰에게 넘겨주더라고요. 제 눈앞에서 그걸 보니 토할 거 같았어요.

_살인사건 유족의 진술에서 발췌

<u>정보 접근성</u> 피해자의 지위가 참고인이기 때문에, 대부분의 수

사 자료(심지어 피해자 진술조서까지도)를 열람할 수 있는 피의자와 달리 피해자에게는 상당한 제약이 따른다. 따라서 피해자는 피의자가 어떤 억지를 부리는지조차 알 수 없다. 물론 피해자의 신청에 따라 형사사법기관에서 사건 처분 결과, 공판 개시, 재판 결과, 구금 상황(수사와 재판 중 구속 및 석방), 그리고 출소 등 형 집행 상황과 관련된 정보를 제공하고 있다. 하지만 그것은 처리 '결과'일 뿐이기 때문에 통보받는다고 해서 피해자가 할 수 있는 일은 아무것도 없다.

피해자는 수사의 '결과'만이 아니라 형사사법 절차가 공정하게 진행되고 있는지를 궁금해한다. 절차적 공정성이 확보되었다고 느끼는 경우 피해자가 (본인의 기대와 다를 때조차도) 최종 결과를 수용할 가능성이 높아질 뿐만 아니라 트라우마 회복도 더 빨라진다. 이것이 피해자가 형사사법 절차에 주체적으로 (그리고 안전하게) 참여하는 것이 중요한 이유다.

증거 요구　수사권은 사법경찰과 검사만 가지는 고유의 권한이다. 따라서 민간인이 수집한 정보는 그것이 아무리 정확하고 중요하더라도 증거로 인정되지 않는다. 그럼에도 불구하고 경찰은 종종 피해자(특히 성폭력 피해자)에게 '증거'를 요구한다. 심지어 피해자의 주장과 피의자의 주장이 상반되면 피해자에게 그 이유를 설명하라고 요구하며, 만일 피해자가 합당한 이유를 대지 못하면 무고로 처벌하겠다고 압박하기도 한다. 이쯤 되면 대부분의 피해자가 수사기관의 역할이 무엇인지에 대해 깊이 의문을 품기 시작하며 그것이 종종 형사사법 절차에 대한 불신으로 이어져 피해 회복을 심각하게 방해한다.

> 평생 경찰서를 가봤어야지 알죠. 뭘 알아야 궁금한 것도 생기는데 아무것도 모르니까 시키는 대로만, 그게 진리인 줄 알고 했어요. 근데 나중에 보니까 그게 아니더라고요. 가만있어도 국가가 피해자니까 다 알아서 해줄 줄 알면 오산이에요.
>
> _성폭력 피해자의 진술에서 발췌

흥미롭게도 범죄 피해자 지원 현장에서 만난 피해자들의 보고와 달리 형사정책연구원이 발간한 전국범죄피해조사(2018) 결과에 따르면 폭력범죄 피해자 중 93.2%가 신고 처리 절차에 관해 경찰이 정보를 제공했다고 보고했다. 또한 경찰이 제공한 정보를 54.8%가 모두 이해했고 나머지 45.2%는 대부분 이해했다고 보고한 것으로 나타났다. 그뿐만 아니라 경찰의 조치에 불만족했다고 보고한 피해자는 2.8%에 불과했다.

현장 경험과 조사 결과가 불일치하는 이유는 무엇일까? 우선 전국범죄피해조사는 그 대상이 '모든 국민'이기 때문에 고소하지 않은 사건을 포함한다. 그뿐만 아니라 당초 조사 대상으로 선정되었으나 본인이 거절하는 경우 조사가 불가능하므로 조사 대상이 다른 세대로 변경된다. 이는 비교적 가벼운 수준의 범죄를 당했거나, 사건 처리 과정에서 심리적 충격이 적었거나, 혹은 만족도가 상대적으로 높은 사람이 주로 조사에 응했을 가능성으로 인해 조사 결과가 일부 왜곡될 수 있음을 배제하기 어렵게 한다. 사건 충격이나 형사사법 절차상 2차 피해로 인한 충격이 큰 사람이 이런 조사에 응할 가능성이 높지 않기 때문이다. 물론 이 보고서와 현장 실무자들의 보고를 감안할 때 경찰의 초기 대응에 대한 국민의 만족도가 점차 향상되고 있는 것은 사실이다. 하지만 여전히 적지 않은 피해자가 수사 과정에서 겪지 않아도 될 부가적 고통을 경험하는 것 역시 사실이다. 그러므로 수사 과정에서 피해자를 보다 두텁게 보호하기 위한 제도와 장치들이 좀 더 실효적이고 촘촘하게 구축될 필요가 있다는 점도 인정해야 한다.

<u>수사 기간</u> 피해자를 힘들게 하는 또 다른 지점은 길고 긴 수사 기간이다. 원칙대로라면 적어도 6개월 이내에 기소 여부가 결정되어 1심 재판이 열려야 마땅하지만, 이런저런 이유로 미뤄지곤 한다. 심지어 수사 담당자 교체 과정에서 인수인계가 제대로 되지 않아 수사가 중단되는 사건도 있다. 결과적으로 고소 후 기소여부 결정까지 1~2년가량이 소요되는 경우가 다반사다. 심지어

최근에 만났던 어느 여고생은 친족 성폭력 사건으로 고소한 지 4년이 지나서야 1심 재판의 증인으로 출석할 수 있었다. (그리고 그날 그는 모든 피해 진술을 취소했다.)

피해자 조사 빈도 수사기관은 조사 빈도를 최소화하는 것에 집착하는 것 같다. 물론 그것이 반복 조사에 따른 2차 피해 가능성을 줄이기 위한 노력임이 틀림없으며, 반복 조사가 피해자의 심리적 고통을 심화할 수 있는 것 역시 확실하다. 아이러니하게도 정작 대부분의 피해자는 2차 피해를 당하지 않는다는 보장만 있다면 수사 과정에서 자신의 경험을 수사관에게 충분히 말할 기회를 갖기를, 그래서 수사가 공정하게 진행되기를 희망한다. 실제로 수사기관에서 범죄 피해에 대해 충분히 말할 기회를 부여받았다고 지각하는 피해자가 그렇지 못한 피해자보다 재판 결과와 무관하게 좀 더 빨리 회복하는 경향이 있다.[10]

피해자 보호라는 맥락에서 중요한 것은 조사 빈도가 아니라 내용이다. 그간의 경험에 비추어 볼 때 단 한 번의 조사라도 그것이 피해자의 특성을 고려하지 않은 형태로 진행되는 경우 심각한 2차 피해를 유발한다. 여러 번의 조사라도 보호적이고 연민과 배려를 담아 진행한다면 오히려 피해자에게 유익하다.

수사관의 자세와 전문성 모든 수사 관계자가 2차 가해자인 것은 결코 아니며, 같은 수사관이 만나는 모든 피해자에게 2차 가해를 하는 것 역시 아니다. 더욱이 트라우마로 잔뜩 예민하고 불안해진 피해자가 수사 과정을 실제보다 더 고통스럽게 왜곡해서 지각했을 가능성도 있다. 하지만 범인의 검거와 심문에 익숙한 수사 관계자들이 피해자의 심리내적 경험을 헤아려 이해하기가 생각만큼 그렇게 쉬운 것이 아님을 인정할 필요가 있다.

안타깝게도 이는 비단 경찰과 검찰만의 문제는 아니다. 다음은 몇 년 전 범죄 피해자 보호 체계 구축과 활성화 방안을 모색하기 위해 열린 세미나에서 교도소에 방문해 성폭력 행위자 대상 교정 프로그램을 진행한다는 어느 전문가가 한 말이다.

정말 큰일이에요. 교도소에서 보면요, 성폭행한 적이 없는데 유죄를 받았다고 하소연하는 분이 너무 많아요. 물론 범죄자 말을 어떻게 믿겠느냐고 하실 수도 있는데, 이미 그분들이 유죄 판결을 받고 복역 중인데 뭐하러 저에게 거짓말을 하겠습니까? 오죽 억울하면 그러겠어요? 수사나 재판 과정에서 억울한 피고인이 없게 더 애를 써야 하는 거 아닌가요?

이 말을 들은 나는 화들짝 놀랐다(나뿐만 아니라 회의에 있던 대부분 사람이 놀랐는지 잠깐의 정적이 흘렀다). 물론 수감자 중 누군가가 억울하게 누명을 썼을 가능성이 전혀 없다고 단언하는 사람은 아무도 없다. 놀란 이유는 따로 있었다. 그가 불과 몇 년 전까지만 해도 꽤 적극적으로 활동하던 성폭력 피해자 권익 옹호 활동가였기 때문이다. 그는 왜 몇 년 사이에 이처럼 태도를 바꾸었을까?

이는 '잘못된 공감'의 결과로 풀이된다. 그는 수감자 개인의 사연에만 지나치게 공감해 객관성과 중립성을 잃어버렸고, 그 결과 수감자에게 자신도 모르게 길들여졌을 수 있다. 공감이 심리 상담뿐만 아니라 모든 종류의 대인적 상황에서 필수적인 요소임에는 틀림없지만 객관성과 중립성이 담보되지 않은 공감은 편들기에 불과하다. 이런 식의 공감은 결코 내담자의 진정한 변화와 성장 혹은 합리적인 문제 해결을 이끌어낼 수 없다.

이와 반대로 지나치게 객관성과 중립성만 강조하는 경우 피상적인 수준의 공감조차도 어려울 수 있다. 수사관은 필연적으로 가해자와 피해자 모두를 만나 소통해야 하며, 그들의 업무 특성상 공감보다 중립성과 객관성이 훨씬 강조될 수밖에 없다. 그렇기에 그들은 범죄 혐의자이든 피해자이든 상관없이 필요에 따라 진술자에게 노골적으로 의심을 품고 강도 높게 압박하는 방식에 훨씬 더 익숙하다. 그렇다고 수사 절차 중에 피해자를 배려하는 일이 불가능한 것은 아니다.

많은 사람의 오해와 달리, 중립성과 객관성이 공감 연민과 대립되는 개념이 결코 아니기 때문이다. 고도로 훈련된 심리 전문가조차 중립적이고 객관적임과 동시에 공감적인 자세를 유지하는 것이 쉽지 않기는 하나, 결코 이를 포기하지 않는다. 그것이 상담자의 핵심 윤리와 맞닿아 있기 때문이다. 이는 수사관도 마찬가지일 것이다. 그들에게도 인권 감수성으로 중무장하고 수사 절차 중에 피해자가 '당사자'로 처우되도록 섬세히 배려하는 것이 중요한 윤리 지침이어야 마땅하지 않을까?

재판 중에 지각된 공정성의 힘

재판 절차상 피해자의 지위

처음에는 재판 있을 때마다 법원에 쫓아다녔어요. 그게 쉽지 않아서 한동안 잊고 지냈는데, 어느 날 인터넷으로 확인해 보니 일주일 뒤가 선고라고 뜨더라고요. 그래서 휴가 내고 법원에 갔더니 재판이 연기된 거예요. 알고 보니 가해자 쪽에서 합의하는 데 시간이 필요하다고 해서 갑자기 연기되었다고 하더라고요. 하지만 가해자는 저한테 그 전에도, 그리고 그 후에도 합의 이야기를 단 한 번도 한 적이 없어요.

_폭행치상 피해자의 진술에서 발췌

법정에서 피해자는 증인으로 소환될 때를 제외하고 '방청인'으로 존재한다. 재판과 관련된 정보 역시 최소한으로만 제공받을 수 있어서 사전 신청이 있는 경우 첫 공판 일자가 통지될 뿐, 이후의 기일은 피해자가 직접 대법원 홈페이지에서 검색해야 한다.[11] 더욱이 갑작스러운 기일 변경은 인터넷에도 공지되지 않기 때문에 법원까지 갔다가 허탕을 치는 일이 있다. 이런 경우 기일 변경 사유를 알 수 없는 피해자는 자신이 모르는 사이 범인 측에서 거짓 증거를 제시하거나 모사를 꾸미는 것은 아닌지 불안해질 수밖에 없다. 운 좋게 공판 검사실과 연락이 닿으면 변경 사유를 알 수 있을지 모르나 그렇다고 피해자가 할 수 있는 것은 기껏해야 탄원서 제출밖에 없다.

재판 모니터링

법정에 방문해서 공판 과정을 지켜보는 것은 피해자에게 적잖은 용기가 필요하다. 법정에서는 방청인인 피해자를 위한 그 어떤 배려도 없기 때문이다. 피해자는 재판이 열리기를 기다리는 동안 피고인 측 관계자들로 가득 찬 공간에서 대기해야 하며, 개정 중에도 상황은 달라지지 않는다. 이런 상황이 피해자에게는 상당한 위협감을 불러일으키는데, 실제로 피고인이나 피고인의 가족 또는 지인이 다가와 눈을 흘기거나 욕을 해서 피해자를 두렵게 만드는 일도 일어난다.

그뿐만 아니라 앞선 사건의 재판이 길어지는 경우 한두 시간 이상을 대기해야 하는 일이 드물지 않기 때문에 한 번의 공판을 방청하기 위해 최소 한나절 이상을 할애해야만 한다. 아주 드물지만 앞선 재판이 길어져 본 사건에 대해서는 다음 기일을 정하고 공판이 종료되는 경우도 있다. 특별한 이유가 없는 한 관할법원이 가해자의 주소지 인근으로 정해지기 때문에 피해자가 공판 모니터링을 위해 개인 휴가를 사용해야 하는 일이 많으며, 당연히 교통비와 일비 역시 피해자가 부담해야 한다. 물론 그것이 한두 번이라면 '이 정도 노고쯤이야'라고 생각할지도 모르겠다. 하지만 범인이 모든 혐의를 인정하고 구속되었으며 명백한 물적 증거가 존재하는 사건이 아닌 경우 **1심 재판에만** 1년가량이 소요되는 것이 현실이다.

이 때문에 처음에는 재판 모니터링에 의지를 보이던 피해자도 차츰 포기하는 경우가 많다. 어려움 속에서도 의지를 가지고 재판 과정을 계속 모니터링하기로 결심한 피해자는 종종 수많은 스트레스 상황에 직면해야 한다. 범인과 같은 공간에서 호흡한다는 것만으로도 이미 공포감에 휩싸인 피해자에게 공판 검사가 낭독하는 공소사실을 듣는 것, 스크린에 띄워진 범행 관련 사진을 보는 것, 범인이 사건을 제멋대로 재구성하거나 거짓으로 둘러대는 모습을 마냥 지켜만 봐야 하는 것 등은 감당하기 쉽지 않은 고통을 야기한다.

특히 법정에서 필요한 만큼 자기주장을 할 수 있는 범인과 달리 피해자인 자신은 어떤 것도 할 수 없다는 사실이 깊은 절망감과 상대적 박탈감을 유발한다. 범인의 터무니없는 주장을 듣고 재판부가 고개라도 끄덕이면 (그것이 인정이나 수용의 의미가 아닐지라도) 피해자는 판사가 피고인의 거짓말에 속아 넘어갔다고 생각하고 낙담한다.

20대 여성이 낯선 사람에게 살해된 사건의 재판 중 범인이 고인에게 죽음의 책임을 전가하면서 옅은 미소를 지은 적이 있었다. 이 모습을 본 유족은 더 이상 분노를 참을 수 없는 지경에 이르렀고, 결국 "나쁜 놈!"이라고 소리 지르면서 손에 들고 있던 휴대폰을 범인을 향해 던졌다. 휴대폰이 범인에게 맞지는 않았지만, 유족은 즉시 강제 퇴장을 당했다. 다행히 재판부가 이 일로 법정 모욕죄를 묻지는 않았으나, 이런 경험은 유족에게 재판부가 범인에게만 호의를 베푼다고 지각하게 만듦으로써 재판이 공정하게 진행되지 않았다고 느끼게 했다.

이 때문에 나는 2차 피해가 일어날 가능성이 높은 사건의 재판 과정에서 스트레스 감내력이 약화된 일부 피해자에게 재판을 직접 모니터링하는 일을 가능한 한 자제할 것을 당부할 때가 있다. 그 대신 피해자 지원 기관에서 재판 과정을 모니터링하면서 시의적절하게 피해자가 법률 전문가의 조언을 들을 수 있도록 연계한다. 그럼에도 불구하고 피해자가 직접 모니터링하기를 원하거나 증인 출석 요구서를 받는 경우 실무자가 법원에 동행하거나 증언준비프로그램[12]과 같은 사전 교육을 통해 심리적 예방주사를 놓는다. 그뿐만 아니라 재판 과정에 관여한 후에는 피해자에게 심각한 심리적 내상이 남지 않도록 가능한 한 빠른 시일 내에 실무자를 만나 심리적 해독을 위한 경험 보고(debriefing)의 기회를 가질 것을 권한다.

공판이 종료된 뒤 법정에서 나올 때도 피해자는 상당한 두려움을 경험하곤 한다. 많은 피해자가 피고인 측이 자신의 뒤를 밟아 해코지할지도 모른다는 공포감 때문에 쫓기듯 빨리 법원에서 멀리 벗어나려 애쓴다. 안타깝게도 그들의 공포는 비교적 현실적이어서 피고인 측에서 피해자를 따라와 손가락질하거나 욕하는 경우가 있으며 여러 사람이 피해자를 에워쌈으로써 심리적으로 압박을 가하기도 한다. 피해자 대신 재판 모니터링을 위해 법원에 출석한 실무자를 피해자로 오인해 피고인의 가족이 뒤따라와 침을 뱉고 돌을 던진 적도 있다.

수사 과정뿐만 아니라 재판 중에도 피해자는 피고인과 달리 소송 관련 자료의 접근에 상당한 제약을 받는다. 물론 형사소송법 제294조의4와 성폭력 처벌법 제27조에서 피해자가 소송 관계 서류나 증거물을 열람하거나 등사하도록 규정하고 있기는 하다. 하지만 이러한 권한을 아는 피해자는 많지 않으며, 안다고 해도 객관적 증거가 없어 피해자 진술의 신빙성이 쟁점이 되는 사건의 경우 열람과 등사 신청이 자칫 진정성을 의심받는 단초가 될까 두려워 신청하지 못하는 피해자가 많다. 또한 용기를 내어 신청하더라도 모두 승인되는 것도 아니다.

물론 검사가 피해자를 대리해 공소권을 행사하며, 재판부조차 볼 수 없는 수사 자료를 가지고 있을 가능성도 있다. 하지만 현실에서 공판 검사는 그 자료를 토대로 공소를 유지해 유죄 판결을 이끌어내는 것에 집중할 뿐, 피해자의 보호와 권리 보장에 충분한 관심을 기울이지 못하는 경우가 많다. 많은 범죄 피해자가 재판 과정에서 피고인의 이익을 대변하는 변호사와 달리 검사는 피해자가 아닌 검찰을 대변하는 사람일 뿐이라는 사실을 확인하고 깊이 실망하곤 한다.

법정 증언

변호사가 제게 물어놓고 정작 대답은 듣지를 않아요. 머리 좋은 사람이니 변호사까지 되었을 텐데, 이상하게도 어리석은 질문으로 저를 혼란스럽게 만들었어요.

_성폭행 피해자의 법정 증언 경험에 대한 보고에서 발췌

변호사가 저를 공격했던 것하고 비슷하게, 판사님이 가해자한테 공격적으로 질문하더라고요. 판결 결과는 만족스럽지 않았지만 그

런 모습 때문에 공정하게 재판받았다고 생각했고, 그게 위로가 되었어요.

_강도 피해자의 법정 증언 경험에 대한 보고에서 발췌

증인 출석 전 범죄 피해자가 공식적으로 법정에 출석하는 것은 증인 출석 요구를 받았을 때가 유일하다. 최근 피해자 진술권[13]을 신청하는 일이 늘고 있기는 하나, 대부분의 피해자 증인 신문은 검찰이나 피고인 측의 요청에 따라 진행된다. 이때 피해자 증인은 사건의 '당사자'가 아니라 실체적 진실을 규명하기 위해 필요한 정보를 법정에서 진술해 줄 제삼자로 처우된다.

주목할 만한 것은 피해자가 정당한 사유 없이 증언을 위해 법정에 출석하지 않는 경우 법원이 피해자에게 500만 원 이하의 과태료를 부과하고 강제 구인할 수 있다는 점이다. 과태료를 부과받고도 정당한 사유 없이 다시 출석하지 않으면 7일 이내의 감치[14]에 처할 수 있고 그로 인한 소송 비용의 부담을 피해자에게 명할 수 있다(피해자가 받는 증인 소환장에 이 규정이 명시되어 있다). 그러므로 엄밀히 말해 증인 소환장은 요구서가 아닌 명령서라 해야 맞다.

이 때문에 많은 범죄 피해자가 증인 출석 명령서를 받고 자신의 지위를 재차 확인한 후 절망하곤 한다. 그들에게 법정 증언은 권리 행사의 일환이 아닌 고통스러운 임무로 지각되기 일쑤다.

경우에 따라서는 피해자가 진정성을 의심받을 것에 대한 두려움과 공포감을 홀로 감내해야만 한다.

그뿐만 아니라 증인 출석 명령서를 받는 순간 일상이 다시 뒤틀리기 시작한다. 그들은 법정에서 가해자를 만나는 것에 대한 압박, 심리적으로 압도당해 제대로 진술하지 못할 것에 대한 걱정, 보복에 대한 두려움 등에 휩싸여 일상생활을 유지하기 힘들어한다. 또한 애써 잊고 지내던 사건이 반복적으로 떠오르기 시작해 다소 회복되었던 심리적 문제가 재발된다. 역설적이게도 원치 않은 시기에 원치 않는 기억이 머릿속에 파고들어 고통스러운 와중에도 피해자는 범인이 죗값에 맞는 벌을 받게 하기 위해 혹은 무고자로 몰리지 않기 위해 사건을 상세히 떠올리려 노력해야 하는 상황에 놓인다.

<u>증인 신문 당일</u> 예상 가능하듯 증인 신문 당일 피해자가 가장 두려워하는 것은 피고인을 만나는 일이다. 증인지원관[15]의 도움으로 이런 어려움을 일부 줄일 수 있으나, 특별 증인으로 분류되어 증인 소환장과 함께 증인지원관 제도에 대한 안내서가 제공되는 성폭력 혹은 아동학대 사건과 달리 나머지 사건에서는 피해자에게 관련 정보가 제공되지 않는 경우가 적지 않다.

더욱이 증인지원제도를 이용해도 피고인을 만날 가능성이 완전히 없어지는 것은 아니다. 물론 피해자의 사전 신청이 있는

경우 피고인과 피해자 증인 사이에 가림막을 설치하거나 피고인을 별실로 이동시킨 상태에서 신문을 진행하기도 하나 성폭력 사건이 아닌 경우 이러한 요청이 수용되는 경우는 드물며 사전 신청 접수 요구가 거절되는 경우도 있다. 더욱이 물리적으로 분리해도 피고인이 이어폰을 통해 피해자 진술을 실시간으로 듣는다. 이 때문에 피해자들은 피고인이 자신의 진술을 듣고 기억했다가 나중에 보복할지도 모른다는 걱정에 휩싸이곤 한다.

오랫동안 가정폭력으로 고통받다가 고심 끝에 배우자를 형사 고소한 어느 피해자는 법정에서 피고인과 같은 공간에 있다는 것만으로도 겁을 먹고 위축되어 자신이 부지불식간에 피고인에 대한 처벌 의사를 철회한다는 말을 하게 될지도 모른다는 두려움에 떨었다. 혹자는 이런 종류의 걱정이 지나치다고 생각할지도 모르겠다. 하지만 가정폭력이나 아동학대 혹은 학교폭력처럼 가장 안전해야 할 공간에서 지속적이고 강도 높은 폭력에 시달려온 피해자에게 이런 걱정은 지극히 현실적이다. 다음 진술은 피해자 지원 실무자의 경험 보고로, 범죄 피해자가 가지는 보복에 대한 두려움이 얼마나 큰지 잘 보여준다.

원래 증인 신문을 하기 전부터 보복이 두려워서 범인에 대한 나쁜 말은 절대 하지 않겠다던 분이었어요. 그래서인지 증인 신문 과정에서 피해자가 스스로 뉘앙스를 조금씩 바꿔가며 피고인에게 유리한 방향으로 진술했어요. 그러더니 증인 신문 뒤에 '너무 홀가분하다'고 하시더라고요. 자기가 범인에게 나쁜 말을 하지 않았으니 이제 안전해질 거라면서.

그뿐만 아니라 많은 피해자가 증인 신문이 마치 기억력 콘테스트 같았다고 보고한다. 잠시 눈을 감고 삶에서 가장 고통스러웠던 사건을 떠올려보라. 아마도 대부분의 사람이 "그런 일이 있었지"라고 말할 만한 사건을 어렵지 않게 회상해 낼 수 있으리라. 하지만 그것을 실체적 진실 규명이 가능할 정도로 구체적이고 생생하게 진술할 것을 요구하면 어떨까? 일목요연하고 논리적이며 일관되게 진술할 수 있을까?

분주하게 사는 대부분의 성인에게는 당장 어제 먹었던 점심 메뉴를 떠올리는 것도 결코 쉽지 않다. 그럼에도 불구하고 피해자는 신문 중에 짧게는 몇 달에서 길게는 몇 년 전에 있었던 사건의 사소한 사항들까지 회고해 진술하라는 요구를 받는다. 그것이 수사기관에서 했던 진술과 불일치하는 경우 노골적인 의심의 눈초리를 견뎌야 하며, 때로 맹렬히 비난받는 것을 감수해야 하는 상황에 놓인다.

증인 신문의 목적은 피해자 기억 속에 있는 정확한 정보를 얻는 것에 있다. 하지만 많은 피해자가 기억력 검증과 같은 형태로 진행되는 신문 과정에서 질문을 제대로 이해하지 못한 채 잘못 답하곤 한다. 또한 기억이 나지 않는데도 불구하고 대답해야만 한다는 압박감 때문에 부정확하게 답한 뒤 나중에 후회하기도 한다. 이러한 부작용을 막기 위해 해외 주요국에서는 증인 신문 전에 피해자가 신고나 고소 직후 수사기관에서 했던 진술 기록을 열람하도록 하지만 우리나라에서는 이런 기회가 주어지지 않는다. 이러한 점들은 피해자 증인 신문의 목적이 실체적 진실 규명에 필요한 정보 수집이 아니라 피해자의 진정성을 탄핵하는 것이라는 인상을 만들기에 충분하다.

여러 명의 낯선 사람 앞에서 사적인 질문에 답해야 하는 것에 대한 피해자의 수치감과 자괴감 역시 결코 가볍지 않다. 공개된 장소에서 피고인뿐만 아니라 피고인의 측근들, 심지어 사건과 무관한 불특정 다수가 있는 공간에서 그런 질문을 받는다는 사실 자체가 모욕적일 수 있으며 그것에 대답해야만 한다는 것은 더욱 모욕적일 수 있다. 비공개 재판을 하면 되지 않느냐고 할 수 있겠지만, 성폭력 이외 사건에서는 아주 특별한 경우가 아닌 한 비공개 재판을 허용하는 경우는 드물다.

물론 모욕적인 질문에 대해서는 피해자가 답변을 거부하면 해결될 문제라고 간단하게 생각할 수도 있다. 하지만 피해자 입장에서 누군가 법정에서 그 질문을 한다는 것은 그 질문이 유무죄 판단에 중요하기 때문이라고 생각할 수밖에 없기에 어떤 식으로든 답변해야 한다는 부담을 느낀다. 그뿐만 아니라 피해자가 답변을 거부했음에도 재판부가 답변해야만 한다고 압박하는 경우도 많다.

어느 성폭력 사건에서 피고 측 변호인은 강간 당시 피고인이 냈던 신음 소리를 흉내 내라고 집요하게 피해자에게 요구했다. 피해자는 간절한 눈빛으로 검사나 판사가 이를 제지해 주기를 바랐지만 그 누구도 이를 막아주지 않았다. 피해자는 한참을 망설이던 끝에 변호인의 요구대로 신음 소리를 흉내 낼 수밖에 없었고, 그 후 아주 오랫동안 이 장면을 곱씹으며 진한 수치감에 몸서리쳐야만 했다.

한편 증인 신문 과정에서 발생하는 2차 가해의 대부분은 피고와 피고 측 변호인과 관련된다. 피해자들이 보고하는 피고 측 변호인은 지나치게 사소하고 사적인 사항에 대해 반복 질문하고, 말장난으로 실수하게 만들고, 의도된 복잡한 질문으로 정확한 진술을 방해하고, 질문해 놓고 정작 답변할 때는 딴청 부려 의도적으로 불쾌감을 유발하고, 피해자를 깎아내리기 위해 어리석은 질문을 하고, 일부러 기억나지 않을 만한 것을 찾아내어 질문함으로써 진정성을 의심받게 만들고, 자신의 생각을 피해자에게 주입하려 하고, 사변적인 질문으로 신문 시간을 늘리는 사람이다. 비록 성폭력 사건에서 그 강도가 훨씬 심각하기는 하나, 비성폭력 사건이라고 해서 이런 종류의 2차 가해가 드문 것은 결코 아니다.

<u>증인 신문이 끝난 후</u> 법정 증언 후 피해자들 중 일부는 고통스럽고 어려운 과제를 끝냈다는 생각에서 오는 안도감과 해방감을 느낀다. 하지만 다수의 피해자는 결코 그렇지 못하다. 대다수가 증언 후 법정에서 했던 자신의 말을 곱씹으며 후회하고 불안해한다. 또한 질문을 잘못 이해한 채 답했음을 뒤늦게 깨닫고는 그로 인해 무죄가 선고될까 봐 걱정한다. 일부 피해자는 범인에 대한 엄중한 처벌을 갈망하면서도 자신의 진술로 범인에게 높은 형이 선고되면 앙심을 품은 범인이 출소한 뒤 찾아와 복수할지도 모른다는 걱정 때문에 잠을 설치는 모순에 빠진다.

> 증언 직후 법정에 나와서는 정말 아무렇지 않은 듯 보였어요. 그런데 이후 몸이 아파 병원 검진을 받느라 심리 상담에 오지 못하다가 한 달 뒤에야 방문하셨는데, 계속 증인 신문 중에 변호사가 질문했던 것에 대해 반추하고 자책하기를 반복하셨어요. 그 어떤 안정화 작업도 소용이 없었어요. 결국 사건은 집행유예로 종결되었고, 피해자는 이후로 연락이 두절되었어요.
>
> _피해자 지원 실무자의 보고에서 발췌

여러 연구에서 법정 증언이 피해자의 회복을 방해하거나 후유증을 악화시킨다는 점을 잘 보여준다. 예를 들어 아동 성폭력 피해자를 12년 뒤에 추적 조사한 연구에서는, 아동기의 법정 증언 경험이 성인기의 정신건강 상태를 악화시키는 것으로 나타났다.[16] 우리나라의 경우 법정 증언 경험이 있는 피해자와 법정 증언 과정을 지원하는 실무자를 대상으로 조사한 결과, 모든 피해자가 증언으로 인한 심리적 고통을 강력하게 호소했으며 절반가량은 충격이 3개월 이상 지속되었다.[17]

이 연구에 따르면 증언으로 인한 심리적 고통은 증인 출석 요구 사유에 대한 설명이 없었을수록, 신문 중 검사 또는 변호인과 판사의 질문을 잘 이해하지 못했을수록, 피고 측 변호인이 무례하다고 지각되었을수록, 그리고 질문 내용이 모욕적이고 수치스러우며 사적이라고 느꼈을수록 심각해졌다. 이러한 고통은 성폭력 피해자뿐만 아니라 다른 사건 피해자에게서도 비슷하게 나타났으며, 범인이 낯선 사람인 경우 충격이 더 심했다.

<u>법정 증언이 피해자에게 주는 실익</u> 앞서 살펴본 바와 같이 적절하고 민감하게 계획되고 실행되지 않는 법정 증언이 피해자에게 재외상화(re-traumatization)를 일으키는 것은 분명해 보인다. 하지만 개별 피해자와 사건의 특수성을 고려해 충분히 민감하게 계획되고 실행된 법정 증언 경험이 피해자의 후유증 회복을 촉진해 준다는 다수의 증거가 존재한다.[18]

나는 형사사법기관의 요청으로 범죄 피해자와 자주 면담하는데, 그들 중 다수가 면담 목적이 진술의 신빙성 평가에 있음을

알면서도 면담 종료 후 실컷 말할 기회를 얻은 것에 대한 감사를 표하곤 한다. 면담에서 한 것이라고는 기억나는 전부를 실컷 말하도록 촉진하고 충분한 시간을 허용하는 것뿐이었음에도 말이다. 이처럼 피해자에게 '어떤 일이 일어났는지' 이야기할 기회를 충분히 주는 것은 범죄 피해의 후유증을 극복하도록 촉진하는 중요한 요인이다. 더욱이 의미 있는 공적 장소(예: 법정)에서 사건에 대해 이야기하는 것은 때로 피해자에게 인생을 다시 구축하는 것과 같은 가치를 발휘한다.[19]

특히 공권력의 상징인 경찰과 검사, 판사와 같은 공적 인물이 피해자의 진술에 귀 기울여 주고 연민을 표하는 것은 유무죄와 상관없이 피해 회복을 촉진하는 강력한 도구가 된다. 그런 과정을 통해 피해자는 자신이 겪은 범죄 사건을 삶에 통합하며, 그래야만 비로소 사건을 '현재'가 아닌 '과거'로 온전히 보내고 종래에는 우리의 이웃으로 돌아오게 된다.

가해자가 눈을 감고 제 얘기를 듣는데… 그 모습이 너무 평온해 보여서 화가 나고 착잡했어요. 하지만 시간이 지나면서 오히려 증언하기를 잘했다는 생각이 들기 시작했어요. 공식적인 자리에서 우리 아버지가 죽음을 자초한 것이 아니라는 사실을, 범인이 나쁜 놈이라는 것을 말할 수 있어서 다행이라는 생각이 들어요.

_살인사건 유족의 진술에서 발췌

특히 피해자가 법정 증언이 권리 행사의 방편이었다고 지각하는 경우 권능감이 강화되어 통제감 상실과 연결된 불안이 뚜렷이 감소한다. 이는 피해자가 증언 스트레스를 관리할 충분한 자원을 가졌거나, 증인 신문 절차에서 받는 스트레스를 줄여줄 현실적인 방안이 모색될 수만 있다면 법정 증언이 실체적 진실 규명뿐만 아니라 피해 회복에 매우 유익할 수 있음을 시사한다. 피해자들이 내게 들려준 이야기를 토대로 추정컨대, 배려심 있는 태도로 진술에 귀 기울이고 기억을 더듬어 충분히 진술할 시간적 여유를 준다고 지각된 판사나 검사는 피해자들에게 오랫동안 '정신적 안전지대'로 남는 것 같다. 이런 경험은 피해자에게 재판이 공정하게 진행되었다는 감각을 증가시킬 뿐만 아니라 증인 신문의 부작용을 줄여주는 완충제가 되는 것으로 보인다.

십수 년 전, 고등학교 1학년이었던 강간 피해자가 증인 신문을 위해 법원에 갔다가 불구속 상태에서 재판을 받기 위해 온 범인의 뒷모습을 보고 소스라치게 놀라 화장실로 도망친 뒤 내게 전화한 적이 있었다. 떨리는 목소리로 두서없이 말하는 것만으로도 얼마나 공포스러운 상태에 있는지 충분히 짐작할 정도였다. 나는 그가 조금이나마 마음의 안정을 찾을 수 있게 심호흡을 하도록 유도한 후 '두서없어도, 울어도, 떨어도, 화내도, 심지어 실수해도 괜찮으니까 하고 싶은 말을 남김없이 모두 하고 오라'고 다독이고 전화를 끊었다.

그로부터 약 두 시간 뒤 피해자에게서 다시 전화가 왔다. 목소리는 한결 밝아진 상태였다. 그의 말에 따르면 법정 증언 중에 감정이 북받쳐 한참 동안 흐느껴 울자 관계자들이 물과 휴지를 건네준 뒤 피해자가 스스로 진정할 때까지 기다려주었다. 또한 관계자들이 두서없는 그의 말에 끼어들거나 비난하거나 평가하는 일 없이 끝까지 차분히 들어주었을 뿐만 아니라 증인 신문이 끝나자 재판장이 "마음속 힘든 이야기를 모두 털어놓고 다 말했습니까?"라고 확인한 후 힘든 이야기를 해주어 판단하는 데 큰 도움이 되었음에 감사를 표했고, 연민 어린 목소리로 "재판부에서 현명하게 최종 판단을 내릴 터이니 피해자는 사건으로부터 벗어나 현재의 삶을 잘 꾸려나가기를 바랍니다"라고 했다.

　놀랍게도 이 경험은 피해자에게 유무죄와 상관없이 지금-여기에서의 삶을 살아가는 강력한 에너지원이 되었다. 그는 단 한 번의 증인 신문 과정을 통해, 수년간 혼자만의 비밀로 간직할 수밖에 없었고 어렵사리 폭로했으나 오히려 거짓말쟁이로 내몰린 채 지내야 했던 몇 년간의 고통을 보상받은 듯했다. 이후 과거와 안전하게 이별할 수 있었으며 나름의 방식으로 현실에 잘 적응하며 지냈다. 제법 오랫동안 간간이 전해오던 생존 소식이 끊긴 지 몇 년 되었지만, 나는 그가 어디에선가 자기 몫의 시간을 의미 있고 가치 있게 꾸려나가리라고 굳게 믿는다.

재판이 끝나야 비로소 시작되는 것들

재판이 모두 종결되고 나니 이제 모든 게 끝났구나 싶어지고, 맥이 탁 풀려버리네요. 내가 해결해야 할 무언가 없어진 것 같아 허탈해요. 그래서 아들 있는 납골당에도 안 가고 집에 남아서 엉엉 울었어요. 이제 울지 않겠다고 약속했었는데, 그런 약속조차도 다 부질없네요. 형량을 많이 받은들 아들이 살아 돌아오는 것도 아니고…. 재판 중에는 탄원서 쓰고 사건 검색하느라 바빠서 그나마 기운이 있었는데, 재판 끝나고 나니 아침에 눈뜰 때마다 사무치게 아들이 그리워져서 눈을 뜨는 것이 고통이에요.

_살인사건 유족의 진술에서 발췌

안타깝게도 형사사법 절차가 종료된다고 해서 피해자가 범죄의 영향에서 온전히 벗어나는 것은 결코 아니다. 법원의 최종 선고는 형사사법기관의 역할이 끝났음을 알리는 것일 뿐, 수사와 재판 과정에 몰두했던 피해자에게는 그저 새로운 가시밭길의 시작에 불과할 수 있다.

적지 않은 피해자가 범인의 형량이 확정된 뒤에야 비로소 미뤄두었던 고통스럽고 긴 자기 치유 작업을 겨우 시작한다. 이는 재판이 끝나기 전보다 피해자에게 심리적으로 더 큰 혼란이 찾아올 수 있음을 의미한다. 그동안 억압했던 트라우마 기억들이 예고 없이 폭풍처럼 몰려와 피해자를 뒤흔들 수 있기 때문이다.

살인사건의 경우, 유족은 재판이 끝나고 나서야 그 어떤 것으로도 고인을 되살릴 수 없음을 깨닫고 더욱 절망하곤 한다. 위 진술은 경제난이 심해지자 시급이 많은 야간 포장마차 아르바이트를 나갔던 아들이 손님의 칼에 찔려 현장에서 사망한 사건의 아버지가 했던 말이다. 그는 범인이 죗값을 온전히 치르게 만들고야 말겠다는 의지를 가지고 수사와 재판 과정에 몰입했지만 범인이 살인이 아닌 과실치사죄로 처벌받는 것을 막을 수는 없었다. 판결 후 아버지는 그 어떤 것으로도 죽은 아들을 살아 돌아오게 할 수 없음을 깨닫고 오열했으며 얼마 후 말기 암 판정을 받고 투병하다 두 달도 채 지나기 전에 어린 손녀딸을 홀로 두고 아들의 곁으로 서둘러 떠났다.

앞서 살펴보았듯이 형사절차 정보제공 신청서를 제출하지 않았거나 신청했음에도 신청서가 누락되어 처리되지 않는 경우, 피해자가 재판이 종결되었다는 사실을 알지 못할 수 있다. 지인에게 폭행당해 전치 4주의 상해를 입은 어느 피해자는 구치소에 있는 줄 알았던 범인을 전통시장에서 마주치고는 그 자리에서 얼어붙어야 했다. 피해자도 모르는 사이 재판이 종료되었고, 범인이 집행유예로 풀려났던 것이다.

어느 살인미수 사건에서는 범인의 부모가 번갈아 찾아와 읍소하자 그 모습이 딱해 보였던 피해자의 부모가 피해자의 동의 없이 합의서를 써주었다. 그로부터 몇 달 뒤 피해자는 누군가 자신의 뒤를 밟고 있다는 느낌을 받기 시작했다. 겁을 먹은 피해자가 고민 끝에 지인의 도움으로 그 사람을 잡고 보니 다름 아닌 범인이었다. 피해자의 부모가 써준 합의서 덕분에 범인이 집행유예로 풀려났던 것이다(물론 피해자의 부모는 합의서 때문에 범인이 풀려나리라고는 상상도 하지 않았다).

법원 판결 후 피해자가 가장 두려워하는 것은 바로 '범인의 출소'다. 이를 고려해서 사전 신청을 통해 범인의 출소 날짜를 미리 통보받도록 제도를 만들었기는 하나, 출소 날짜를 안다고 해서 피해자의 불안이 사라지는 것은 결코 아니다. 범죄 피해 후 주거지를 바꾸지 않은 피해자는 출소 통지 후 발 빠르게 생존을 위해 이사를 준비하곤 한다. 이미 이사를 간 피해자는 자신의 정체가 드러날 만한 정보들을 온라인에서 삭제하는 작업을 시작한다. 개명하거나 성형하거나 주민등록번호를 바꾸거나 심지어 해외로 도망갈 계획을 세우는 피해자도 있다.

이 시기가 되면 겨우 되찾은 피해자의 일상은 다시 요동치기 시작하며 트라우마 후유증이 재발되어 전담 지원기관을 찾는 경우가 많아진다. 보복 범죄와 관련된 보도는 피해자의 귀에 쏙쏙 박혀서 자신도 곧 그런 일을 당하리라는 공포감에 사로잡히게 만든다. 범인이 이미 가석방으로 출소했을지도 모른다는 생각에 잠을 설치는 피해자도 적지 않다. 실제로 범인으로부터 '교도소에서 출소하자마자 보복하기 위해 찾아가겠다'는 편지를 받은 피해자도 있다. 심지어 범인이 가석방된 후 피해자에게 반복적으로 편지를 보내 보복 범죄를 예고하거나 직접 찾아가 보복한 사건도 있다. 이런 점들은 피해자의 불안을 고조시키며 피해자로 하여금 범인의 망령에게 스토킹당하는 심경으로 하루하루를 살아내도록 만든다.

나가며

애석하게도 오래전부터 범죄 피해자 지원 현장에서는 3대가 덕을 쌓아야 2차 피해 없이 공정하게 수사와 재판을 받는 행운을 누린다는 말이 회자되고 있다. 형사사법 관계자들이 각자의 자리에서 피해자를 두텁게 보호하기 위해 최선을 다하는 것은 분명하나, (적어도 피해자의 견지에서) 피해자가 주변인으로 처우되는 현재와 같은 수사와 재판 시스템 내에서는 회복은 고사하고 '응보주의'조차 제대로 구현되기 어렵다는 인상을 지우기는 힘들어 보인다.

위기에 처한 피해자에게는 "이제 당신은 안전합니다"라는 출동 경찰의 말 한마디, 누군가 잠시 곁을 지켜주는 것, 말없이 건네준 물 한 잔, 옷을 챙겨 입을 시간을 주는 것, 호기심에 찬 구경

꾼의 시선으로부터 보호해 주는 것 등과 같은 작은 관심과 배려가 '세상이 여전히 안전하며 살 만하다'는 감각을 잃지 않게 해 준다. 그뿐만 아니라 재판 관계자들의 연민 어린 음성, 중립적이면서도 공감 어린 말, 말할 기회와 시간을 넉넉히 주려는 태도, 2차 피해를 유발하는 부적절한 변호인의 질문을 중지시키는 것과 같은 작은 배려가 피해자에게 재판이 공정하게 진행되고 있다는 느낌을 가지게 하고, 억울함과 분노를 경감시켜 준다.

다행히 최근 들어 범죄자의 권리 보장에 방점을 두었던 기존 형사사법 체계의 한계를 인정하고 그에 대응하는 회복적 혹은 전환적 사법이라는 개념이 주목을 받고 있다.[20] 둘 모두 범죄를 사람과 관계에 대한 침해로 간주하며 피해자의 손해 복구와 공동체의 회복을 강조한다. 범죄 피해자 보호를 위한 이러한 노력이 결실을 맺기 위해서는 공동체의 일원인 우리의 관심이 절실히 필요하다.

용서로 모든 것이
끝나지 않는다

●●●

가해자가 벌금형 판결을 받고 나더니 벌금으로 죗값
을 다 치렀다며, 기고만장하다는 소식을 들은 뒤로
너무 화가 나서 잠이 안 와요. 국가는 범죄가 발생하
니 벌금을 통해 수입을 얻고, 범인은 벌금을 통해 면
죄부를 얻고, 피해자인 저는 절망을 얻었네요. 국가
에 버림받은 거 같아요.

_폭행사건 피해자의 진술에서 발췌

많은 사람이 형사재판을 통해 형이 확정되면 사건이 종결되었다고 생각한다. 심지어 범인조차도 형벌을 통해 자신이 지은 죄에 대한 책임으로부터 온전히 자유로워졌다고 **감히** 생각한다. 사람들이 이렇게 생각하는 데는 일사부재리, 즉 한번 판결이 난 사건에 대해서는 다시 공소를 제기할 수 없다는 원칙이 적지 않은 영향을 미치는 것 같다. 하지만 일사부재리의 원칙은 누군가 법체계로부터 악용당하거나 부당하게 괴롭힘당하지 않도록 보호하고 형사사법기관이 수사와 재판을 신중하게 진행하도록 하며 관련 자원들이 효율적으로 집행되도록 하는 것을 목적으로 할 뿐, 범죄자가 한 번의 법적 처벌을 통해 온전히 **죄에 대한 용서**를 받을 수 있음을 의미하지 않는다.

범죄의 영향은 매우 확산적이고 지속적이다. 범죄는 피해자의 가족에서부터 현장 조사자, 경찰관, 변호사, 119 구급대원을 포함한 관련 실무자, 지역사회 구성원, 나아가 사회 전체로 퍼져 가면서 적지 않은 상흔을 남기며 누군가의 삶을 황폐화할 수 있다. 이러한 상흔은 범인이 국민의 세금으로 기본적인 의식주를 해결하면서 징역살이를 하더라도 온전히 복구되는 성질이 결코 아니다. 그럼에도 불구하고 범인의 죗값이 법적 처벌로 상계(相 計)된다고 생각하는 것은 진정 어리숙하거나 오만한 생각에 불 과하다.

범죄 예방을 위해서는 범죄자에 대한 이해 못지않게 범죄 결과, 즉 범죄가 남기는 상흔에 대한 이해가 필수적이다. 범죄의 직간접 피해 복구는 예방의 기초이며 이것이 가능해야만 범죄 발생을 막기 위한 다각적인 노력이 가능해지기 때문이다. 이를 위해 지금부터 범죄가 피해 당사자와 가족, 이웃, 나아가 사회에 미치는 영향을 자세히 살펴보겠다.

피해 당사자가 된다는 것

신체 영역

가끔 다쳤던 곳이 아플 때마다 내가 범죄 피해자라는 것을 새삼 깨 닫게 돼요. 샤워할 때 다쳤던 곳에 난 흉측한 흉터를 보면 사건 기억이 다시 떠오르기도 해요. 그렇다고 샤워를 안 할 수도 없는 노릇이고요….

_폭행치상 피해자의 진술에서 발췌

<u>신체적 손상</u> 범죄로 인한 신체적 상해의 대부분은 의료적 처치를 통해 회복이 가능하지만, 그 흉터는 크고 눈에 띌수록 오랫동안 피해자를 괴롭히는 요인이 된다. 많은 피해자가 단지 미관상의 이유, 흉터 때문에 크고 작은 불이익을 당하곤 한다. 흉터를 보고 사람들이 보이는 호기심조차 피해자에게는 트라우마 후유증을 심화하는 요인으로 작용할 수 있다.

사실 대부분의 피해자가 몸에 난 흉터가 '범죄 피해'로 인한 것이라고 말하기를 몹시 꺼린다. 좀 더 정확히 말하자면 그 흉터가 범죄 피해로 인한 것임을 사람들에게 들킬까 봐 노심초사하곤 한다. 이는 권선징악적 규율의 부작용과 관련된다. 피해자는 합당한 근거가 없음에도 종종 범죄 피해를 자신의 '악행'에 대한 징벌의 의미로 해석하는 경향을 드러낸다. 자신이 범죄 피해자임을 사람들이 알게 되면 자신의 악함을 눈치챈 후 낙인찍고 비난할 것이라고 생각해 두려워한다.

찢어지고 부러지고 감염된 신체 부위에 대한 의학적 처치가 끝나도 미세한 손상이 오래 지속되어 크고 작은 현실적 곤란을 초래하는 경우도 많다. 예를 들어, 소위 퍽치기 사건의 한 피해자는 두개골 손상에 대한 적절한 의료적 처치 후 완치 판정을 받았으나, 그 후로도 수개월 동안 두통과 어지럼증에 시달려야 했다.

의학적 처치 후에도 후유 장애가 남는 경우에는 그로 인한 현실적 곤란이 더욱 심각해질 수 있으며, 이것이 종종 피해자의 회복을 방해하곤 한다. 숙련된 헤어 디자이너였던 살인미수 피해자는 범죄로 절단된 손가락을 봉합하는 데 성공했으나 신경 손상으로 인해 섬세한 가위질이 불가능해져 일을 포기해야 했다. 또한 낯선 남성이 휘두른 쇠 파이프에 눈을 맞은 피해자는 한쪽 눈의 시야가 좁아 보이는 증상 때문에 수년이 지난 현재까지도 행인이 많은 도로를 홀로 보행하는 것에 곤란을 겪고 있다.

의학적 이상 소견이 없음에도 심리적 원인 때문에 특정 신체 부위(주로 사건과 관련된 신체 부위)의 통증이나 마비 증상이 오랫동안 지속되는 경우도 있다. 낯선 사람이 가스 검침원을 가장해 주거지에 침입한 후 강간한 사건에서, 열 살도 채 안 된 어린 피해자는 사건과 관련 있는 단서(예: 검정 모자를 쓴 남자, 범인의 몸에서 났던 독특한 비누 냄새)에 노출될 때마다 다리가 마비되는 증상을 꽤 오랫동안 보였다. 늦은 시각 식사를 위해 찾아온 남자에게 유사 강간을 당한 피해자는 사건 후 수년 동안 손에서 느껴지는 원인 모를 통증과 고군분투해야 했다.

<u>뇌 손상</u> 심리적 트라우마에 가장 빠르게 **반응**하는 신체 영역은 바로 뇌이며, 트라우마로 가장 빨리 **손상**되는 신체 영역도 뇌다. 다행히 이런 손상은 대부분 몇 시간에서 몇 주 내에 복구되곤 한다. 하지만 트라우마 유형과 트라우마 후의 추가적인 스트레스, 그리고 피해자의 개인 내적 특성을 포함한 여러 요인이 상호작용해 수개월에서 수년, 심지어 손상된 뇌가 평생 온전히 회복되지 못하기도 한다.[1]

> 그 사람의 화난 얼굴이 내 앞에서 계속 왔다 갔다 해요. 그 생각이 나면 마치 그 당시로 돌아가 내가 지금 맞고 있는 것처럼, 맞았던 부위가 욱신거리면서 아파요. 너무 무섭고 도망가고 싶어요. 심장이 두근거리고 가슴이 답답하고 식은땀이 나요. 심지어 꿈속에서 그 사람이 나타날 때도 있어요. 너무 놀라 잠에서 깨면 다시 잠들기가 너무 힘들어요. 이 고통에서 평생 벗어나지 못할 것만 같아요.
>
> _폭행치상 피해자의 진술에서 발췌

트라우마로 인해 뇌가 손상됨으로써 초래되는 전형적인 증상들은 재경험, 과각성, 회피, 그리고 사고와 감정의 부정적 변화로 요약될 수 있다. 이 네 가지는 대표적인 트라우마 후유증인 PTSD의 핵심 증상이다.[2] 범죄가 피해자에게 PTSD를 유발할 가능성은 재난과 교통사고보다 훨씬 높은 것으로 보고된다. 사건이 생명의 위협이나 강간 혹은 심각한 신체적 상해를 포함하는 경우 다른 사건보다 더 심각한 주관적 고통을 야기하며 PTSD 발병 가능성 역시 증가한다.[3]

PTSD 진단이 내려질 정도로 증상이 복잡하고 심각하지 않더라도 대부분의 피해자에게 범죄는 꽤 오랫동안 '과거'가 아닌 '현재'로 재경험되며, 범인이 꿈속까지 찾아와 범행을 반복하기도 한다. 이런 경우 공포에 사로잡힌 피해자는 재피해를 면하기 위해 환경 자극을 차단하고 칩거하곤 한다. 또한 위험 신호를 조기에 정확히 탐지하기 위해 온 신경을 곤두세운 채로 지내느라 정작 일상에서의 소소한 요구에는 반응하지 못하거나 건망증과 몽롱함 등을 포함한 해리 증상을 보일 수 있다.

최악의 경우 사건에 대한 기억을 부분적으로 혹은 완전히 잃는 현상, 즉 해리성 기억상실증이 나타날 수도 있다. 낯선 남성들에게 공중화장실로 유괴되어 강간치상 피해를 입은 후 방치된 채로 발견된 어느 아동의 뇌는 본능적으로 기억을 담당하는 해마의 기능을 감소시켰다. 결과적으로 아동은 사건 기억을 잃었고 심리적 생존이 가능해졌으나 그 대가로 수개월간 멍하니 앉아 있거나 방금 먹은 음식의 종류도 기억해 내지 못하는 상태로 대부분의 시간을 보내야 했다.

뇌 손상이라는 맥락에서 범죄유형 못지않게 주목해야 할 변인이 바로 피해의 빈도다. 미국 신경과학자인 폴 맥린(Paul

MacLean)의 주장에 따르면 우리 뇌는 생명 유지와 관련된 활동을 담당하는 뇌간과 소뇌를 포함한 R복합체(파충류의 뇌), 정서적 반응과 행동을 담당하며 해마와 편도체를 포함하는 변연계(포유류의 뇌), 그리고 고차원적 사고 능력을 담당하는 대뇌피질(영장류의 뇌)로 구분할 수 있다. 대뇌피질의 앞부분인 전두엽은 변연계와 협력하면서 충동 조절과 판단 그리고 공감을 주도하며 우리가 습관의 노예가 되지 않고 창조적으로 사고하며 충동적이고 적대적으로 행동하지 않도록 해준다.[4]

뇌의 이러한 발달은 안정적이고 따뜻한 돌봄이 제공되었을 때만 가능하다. 아이가 양육자로부터 안정적인 돌봄을 충분히 받으면 생명 유지를 위해 본능적 행동에 집중했던 뇌가 사회적 상호작용을 시도하고 그 속에서 다양한 감정을 경험할 용기를 내게 된다. 이때 양육자가 아이에게 모험을 허용하되 실패나 좌절 시 따뜻하게 안아주고 지지해 주면, 즉 이만하면 괜찮은 정도의 돌봄(good enough mothering)을 해주면 뇌가 안정적으로 발달해 더 다양한 정서를 안전하게 경험하면서 정서 조절 능력을 키워나가게 된다. 이를 토대로 대뇌피질이 발달함으로써 아이는 창조적이고 이성적이며 자기 조절이 가능한 개인으로 성장한다.

하지만 아동학대와 같이 가장 안전해야 할 가정과 학교 같은 장소에서 **반복적으로 발생**하는 트라우마는 피해자에게 생존과 관련된 쟁점에 몰두하게 만든다. 그리고 전두엽, 특히 전전두엽 기능의 활성화를 억제하거나 손상하며 세상에 대한 혐오감과 적대감을 유발하는 신경망을 구축하게 함으로써 크고 작은 정서와 행동 문제를 유발한다.[5] 그뿐만 아니라 학대로 손상된 뇌는 아동의 또래 관계 형성과 사회적 상호작용, 나아가 지적 능력의 발달도 심각하게 방해한다.[6] 부모에 의한 아동학대가 청소년 비행에 미치는 영향은 이미 여러 연구를 통해 충분히 입증되었기도 하다.[7]

만성 스트레스가 신체에 미치는 영향 한스 셀리에(Hans Selye) 박사의 일반 적응 증후군(general adaptation syndrome, GAS) 모델에 따르면 스트레스에 대응하기 위한 우리 몸의 반응은 경고와 저항 그리고 고갈 단계로 구분할 수 있다. 스트레스 상황에 놓이면 몸은 편도체의 투쟁·도주 반응과 유사하게 심장 박동수를 증가시키고 대표적인 스트레스 호르몬인 코르티솔을 분비하며 에너지 수준을 높이기 위해 아드레날린을 분비함으로써 경고를 보낸다. 이 과정에서 분비된 높은 수준의 코르티솔은 스트레스 반응의 조절과 기억에 관여하는 뇌 구조물인 해마의 신경계 기능을 감소시킨다.[8] 결과적으로 사건과 관련된 기억이 억제됨으로써 심리적 생존이 유리해지지만, 안타깝게도 그것과 연결된 강렬하고 공포스러운 정서는 그대로 남는다.[9]

이러한 노력에도 불구하고 스트레스가 지속되면 이제 몸은 저항 단계에 돌입한다. 이 단계에 이르면 체내의 코르티솔 농도가 너무 높아짐으로써 근무력이나 두통 그리고 고혈압 등을 포함한 여러 증상이 나타나기 시작한다. 하지만 여전히 스트레스로부터 벗어날 수 없으면 이제 저항을 통한 기능의 회복을 포기하고 고갈 단계로 넘어간다. 이 단계에 이르면 몸은 스스로 스트레스에 내맡겨 버린다. 더 이상 스트레스를 '비정상'으로 자각하지 않기 때문에 경고 증상이 나타나지 않으며, 그 대가로 면역계 이상과 장기의 기능 부전 등을 포함한 다양한 만성 질환이 발병한다.

앞서 살펴본 바와 같이 범죄 후 적지 않은 피해자가 사건을 과거가 아닌 현재 진행형으로 재경험하곤 하며 그럴 때마다 피해자의 몸은 사건 당시와 같은 강도의 스트레스를 받는다. 여기에 공동체와 형사사법기관, 언론 등에 의한 2차 피해까지 더해지면 스트레스 과잉 상태가 짧아야 반년, 길게는 수년간 지속되며 이것이 만성 스트레스성 신체 질환을 야기하곤 한다.

이는 범죄 피해자가 비피해자에 비해 심장질환과 고혈압, 위궤양을 비롯한 위장장애, 당뇨병, 신경계와 근골격계 질환 그리고 천식과 폐질환을 앓을 확률이 유의미하게 높게 나타났다는 여러 연구 보고에서도 잘 드러난다.[10] 대구 지하철 참사 부상자들이 사건 후 10년이 지났음에도 이유 없이 시력이 나빠지고 당뇨 등 각종 질병을 앓고 있다는 보도 역시[11] 트라우마 사건이 신체 건강에 얼마나 심각한 영향력을 행사하는지 잘 보여준다.

물론 이 모든 질환이 범죄의 직접적 결과는 아니며, 피해자가 스트레스 관리를 위해 사용한 부적절한 전략(예: 음주, 흡연, 마약, 폭식, 약물 오남용 등)이 직접적인 원인인 경우도 적지 않다. 하지만 애당초 범죄가 발생하지 않았다면 피해자가 심리적 생존을 위해 부적절한 대응 전략을 남용할 이유가 없었음이 분명하다는 점에서, 이것이 범죄의 영향이 아니라고 단정할 수는 없는 노릇이다.

심리적 영역

> 험한 산길을 달리는 버스에 탄 느낌. 종착지가 어딘지 모르고… 문이 없으니 내리고 싶어도 도저히 내리지 못해요. 그 와중에 마음에서는 불안 기계가 덜그럭덜그럭 시끄러운 소리를 내며 끊임없이 돌아가요.
>
> _살인사건 유족의 진술에서 발췌

범죄 피해자가 되는 순간 다양한 심리적 문제들이 출현한다. 이는 범죄 피해의 충격을 조사한 국내의 한 연구에서 사건으로 인한 후유증이 심각하지 않은 피해자가 9.7%에 불과한 것으로 나타난 점에서도 잘 알 수 있다.[12] 이 연구에서 증상이 매우 심각해 6개월 이상의 장기 심리 상담을 요하는 피해자는 34.7%에 달했다. 앞서 살펴본 바와 같이 이러한 증상들이 트라우마성 뇌 손상의 맥락에서 이해할 필요가 있기는 하나, 피해자의 내적·외적 요인에 따라 증상의 악화와 호전에 큰 편차가 생긴다는 점에서 보면 심리적 문제이기도 하다. 범죄 피해자에게서 자주 관찰되는 심리적 어려움에 대해 좀 더 자세히 살펴보면 다음과 같다.

해리 트라우마적 사건을 겪고 나면 위험과 안전에 관한 인식이 바뀌고 이전과는 확연히 달라진 뇌 신경계로 세상을 경험한다. 트라우마 피해자는 종종 사건의 충격으로부터 자신을 보호하기 위해 현실을 부정한다. 현실 부정은 통증과 같은 신체 감각을 느끼지 못하거나 공포, 두려움, 분노 등 정서를 느끼지 못하는 무감정 상태 또는 사건 일부를 전혀 기억하지 못하는 기억상실 반응으로 나타난다. 내 몸이 나를 떠난 것과 같은 느낌, 즉 이인감(depersonalization)을 호소하는 피해자도 있다. 이러한 반응들이 모두 해리에 해당한다.

해리 증상은 짧게는 몇 분에서 길게는 수년간 지속된다. 이때 보이는 행동 특징으로는 멍하게 있거나 횡설수설하는 등의 양상이다. 상대방의 이야기를 듣지 않는 것처럼 보이거나 질문에 일부러 대답하지 않는 것처럼 보이기도 한다. 그러다가도 사소한 자극에 화들짝 놀라 강한 감정 반응을 보일 수 있다. 시간이 경과함에 따라 점차 현실을 수용하면서 해리 증상이 완화되지만 부가적인 스트레스가 지속될 경우 장기화될 수 있다.

해리 증상을 보인다는 것은 트라우마로 인한 정서적 고통이 극도로 심각해서 뇌가 본능적으로 정서 경험과 기억 활성화를 차단하기로 한 상태임을 의미한다. 그로 인해 적어도 외현적으로는 정서적인 고통이 없는 것처럼 오인되는 경우가 많다. 하지만 실제로는 스트레스 호르몬 수치가 극단적으로 높아진 상태이기 때문에 각별한 관찰과 주의가 필요할 수 있다.

해리 증상을 보이는 피해자에게 '불안해하지 말라'고 하거나 '진정하라'고 말해주는 것은 큰 도움이 되지 않는다. 그런 말로 불안이 줄어들리라고 기대하는 것은 순진해도 너무 순진한 발상이다. 따라서 말은 줄이고 해리 증상으로 위험에 처할 가능성을 예견하고 막아주는 현실적인 도움을 제공하는 것이 더 낫다. 해리 증상이 심한 경우 위험한 종류의 노동은 금해야 하며 운전도 자칫 큰 사고를 부를 수 있으므로 피하는 것이 좋다. 건망증이 심해지기 때문에 중요한 약속은 메모를 해서 눈에 잘 띄는 곳에 붙여주고 '기억'하리라 기대하기보다 적당한 시기에 기억을 반복해서 환기해 주는 것이 더 낫다.

불안 사건이 이미 종료되었음에도 피해자의 뇌는 한동안 경계

태세를 늦추지 않는다. 긴장을 담당하는 교감신경계가 과활성화되어 이완을 담당하는 부교감신경계의 활성화를 방해함으로써 심장 두근거림, 과호흡, 식은땀 등의 신체 반응이 지속되며 안절부절못할 수 있다. 문 두드리는 소리, 초인종 소리, 누군가자신의 이름을 부르는 소리 등 사소한 자극에도 소스라치게 놀랄 수 있으며 위험 징후를 놓치지 않기 위해 주변을 항상 감시하고 경계하기도 한다. 집처럼 안전한 장소로 지각된 곳이 아닌 다른 모든 환경을 위협적으로 느끼며 점점 외출을 꺼리고 고립된생활을 할 수도 있다.

> 엘리베이터가 도착해서 문이 열렸는데 사람이 타고 있는 거예요. '그냥 사람'일 뿐인데도 너무 놀라서 저도 모르게 크게 소리를 질렀어요. 그랬더니 타고 있던 분이 저한테 미안하다고 막 사과를 하시더라고요. 그래서 너무 민망했어요.
>
> _폭행치상 피해자의 진술에서 발췌

특히 안전이 확보되지 않은 경우, 그래서 현실적으로 재피해나 보복 범죄의 가능성이 높은 경우 피해자가 불안을 떨쳐버리는 것은 사실상 불가능하다. 언제 어디서 범인이 나타나 자신을괴롭힐지 모를 일이므로 자기 보호를 위해 항시 경계 태세를 갖추어야 한다고 뇌가 강력하게 명령하기 때문이다.

일면식도 없던 사람이 피해자를 납치해 차량에 태운 뒤에 무참히 폭행한 사건에서, 범인이 범행 직후 투신자살했음에도 피해자는 범인이 사망했다는 말을 믿지 못했다. 안타까운 마음에 담당 경찰이 범인의 사망진단서와 주민등록증 사진을 함께 보여주었으나 그 모습이 피해자의 머릿속에 각인된 범인과 너무도 달랐기에 피해자는 경찰이 자신을 진정시키기 위해 거짓말하고 있다고 생각했다. 그 후로 수개월 동안 피해자에게 '범인이 이 세상 사람이 아니므로 재범할 가능성이 없다'는 사실을 믿게 만드는 것은 불가능했다.

<u>분노</u> 예상치 못했던 끔찍한 범죄 사건 앞에서 피해자는 극도의 자기 비난과 세상에 대한 분노를 번갈아 가며 나타내곤 한다. 특히 초반에는 세상과 가해자에 대한 분노가 매우 커서 공격적인 행동을 보일 수도 있다. 주변 사람에게 자주 시비를 걸고 사소한 것에도 쉽게 짜증을 내거나 갑작스럽게 화를 내는 일이 많아지는 등 굉장히 예민한 모습을 보이기도 한다.

> 요즘에는 그냥 짜증이 나요. 남자 친구가 요새 왜 이러냐고… 나도 모르겠어요. 가만히 있다가도 갑자기 화가 나서 미칠 것 같아요. 나한테 이런 일이 왜 있죠? 그 사람만 아니면 나는 지금쯤 다른 사람과 비슷하게 회사 다니고 친구들 만나고 그렇게 살고 있을 텐데….

왜 이런 일이 나에게 일어난 거죠?

_성폭력 피해자의 진술에서 발췌

이러한 증상이 트라우마에 대한 자연스럽고 당연한 반응임에 틀림없기는 하지만 적어도 주변 사람의 예상보다는 오래 지속되는 경우가 대부분이어서 '이상한' 혹은 '과도한' 것으로 평가받곤 한다. 그렇기에 인내심을 잃은 주변 사람이 점차 피해자와 거리를 두며 그간 보여주었던 공감과 배려를 철회하고 최악의 경우 피해자를 넌지시 비난하기 시작한다. 이러한 경험은 범죄로 활성화된 피해자의 피해 의식과 분노를 강화하며 그럴수록 주변 사람에게 더 적대적이고 까다롭게 행동하는 악순환이 반복될 수 있다.

피해자가 가해자나 불특정 다수에 대한 보복 환상을 드러낼 수도 있다. 아주 드물게 가해자 측을 찾아가 고함을 지르거나 물건을 던지고 폭력적인 행동을 하는 경우가 있기는 하나, 적어도 공식 자료상 피해자에게 보복성 강력범죄를 당했다고 판단된 사례는 찾아보기 어렵다. 이는 대부분의 피해자가 범죄자들과 달리 그러한 충동을 최선을 다해 참기 때문인 것 같다. 안타깝게도 보복에 대한 갈망의 이면에는 재피해에 대한 공포감이 자리하며, 많은 피해자가 양립할 수 없는 이 두 감정의 힘겨루기로 인해 몹시 힘들어하곤 한다.

<u>우울</u> 범죄가 일어난 전후 상황에 대해 끊임없이 곱씹으면서 자책감, 죄책감, 수치심, 후회감 등을 많은 피해자가 경험한다. 또한 자신에게만 끔찍한 일이 벌어졌다는 생각에서 오는 불행감, 우울, 슬픔 등이 정서를 지배하며 평소 즐겨 하던 일들에 대한 흥미가 떨어지고 어떤 일을 해도 즐겁지가 않은 상태에 놓일 수 있다. 다수의 피해자가 긍정적인 감정을 느낄 수 없다고 호소하기도 한다.

> 하루만 사는 것 같아요. 아무 생각도 나지 않고 뭘 해도 재미가 없고… 어제도 없고 내일도 없고… 앞으로도 없고… 사는 게 더 이상 의미가 없어요. 그냥 '이대로 죽었으면 좋겠다'는 생각뿐이에요. 사람들을 보면 '저 사람은 나와 다른 사람이겠지, 나는 이제 저 사람들처럼 평범한 사람이 될 수 없겠지' 하는 생각이 들어요.
>
> _성폭력 피해자의 진술에서 발췌

이때 자살 사고가 높아지고 자살 충동이 생길 수 있어 주변 사람의 세심한 관심이 필요하다. 드물지 않게 자해 행동을 보이기도 하는데, 이는 너무 고조되어 '조절이 불가능한' 상태에 이른 감정을 어떻게든 '다룰 만한 방식'으로 만들기 위한 피해자의 노력을 반영하는 것일 수 있다. 즉, 이들에게 자해는 죽기 위한 선택이 아니라 살기 위한 최선의 노력일 수 있다. 따라서 주변

사람이 자해 행동을 비난하거나 낙인찍거나 혐오하는 등 부적절한 반응을 하지 않도록 주의해야 한다.[13]

정신증적 증상 범죄 피해 후 환각, 환청, 망상과 같은 정신증적 징후를 보고하는 피해자가 드물지 않다. 특히 누군가 자신을 감시하고 있다거나 뒤를 쫓는다는 등의 피해 사고가 두드러지는데, 이런 사고가 만연해지는 경우 직업과 사회생활 유지가 어려워질 수 있다. 범인의 목소리가 반복적으로 들리는 등의 환청이나 범인의 환영이 보이는 환시, 범인의 몸에서 났던 독특한 냄새나 촉감이 재현되는 환후와 환촉도 아주 드물지 않게 보고된다.

사건 후 몇 주가 지나면 이런 증상이 현저히 호전되는 것이 일반적이나, 재경험 증상이 계속 지속되는 경우 정신증적 증상도 오래 지속될 수 있다. 흔히 일시적으로 호전되었다가 스트레스가 가중되면 악화되기를 반복한다. 남성에게 강제 추행을 당하는 과정에서 심각한 신체적 손상을 입었던 만 3세 아이는 사건 후 수개월이 지난 뒤에도 놀이치료 중에 구석진 곳을 가리키며 "검은 옷을 입은 아저씨(범인)가 쳐다봐요"라며 부들부들 떨곤 했다. 그뿐만 아니라 아이는 사건 장면이 떠오르면 피해로 손상되었던 (하지만 이미 완치된) 신체 부위가 아프다고 울면서 치료자인 나에게 약을 발라달라 하기를 오랫동안 반복해야 했다.

스토커에게 납치되어 강간당한 뒤 도망친 어느 피해자는 경찰 조사 과정에서 '조현병' 환자로 오인되어 그가 호소하는 범죄 피해가 망상에 기인한 것이라는 의심을 받아야 했다. 의식이 명료하고 현실 검증력 역시 온전했으나, 피해자는 범인과 관련된 단서에 노출될 때마다 '같이 죽자'고 했던 범인의 목소리가 들리는 환청에 시달렸다. 수개월에 걸친 심리 상담 후 그는 '그놈 목소리'가 외부가 아닌 자신의 내면에서 들리는 소리임을 자각할 수 있었고, 점차 그 목소리를 통제하는 것이 가능해졌으나 범인이 주변을 맴돌며 재범의 기회를 노리고 있다는 생각이 사라지기까지는 3년이 더 걸렸다.

이런 증상들은 급성 스트레스 반응의 일부로, 소요되는 시간에 개인차가 있으나 정신증적 장애의 취약성과 관련된 생물학적 소인이 없는 한 대부분 자연스럽게 사라진다. 하지만 이를 알리 없는 피해자는 범죄 피해로 자신의 정신이 병들었다고 생각하면서 극도로 혼란스러워하곤 한다. 한 살인사건 유족이 어느날 다급한 목소리로 전화를 걸어왔다. 위기에 처했을 때만 상담자에게 전화하는 것이 기본 원칙이기 때문에, 그가 내게 전화를 걸었다는 것은 상당한 곤란에 처해 즉각적인 도움이 필요하다는 징후다. 수화기 너머 들리는 목소리는 몹시 떨리고 있었다.

사정은 이러했다. 그는 며칠 전 참으로 오랜만에 친구와 만나기로 약속했다. 오늘이 약속한 그날이었으므로 일찌감치 약속 장소에 도착해서 친구를 기다렸다. 하지만 한 시간을 넘게 기다렸음에도 친구는 나타나지 않았다. 걱정된 그는 친구에게 전화를 걸었다. 전화 발신음이 몇 차례 울리자 친구가 전화를 받고는 반갑다고 호들갑을 떨었다. 머쓱해진 그는 오늘 만나기로 한 약속을 잊었느냐고 물었다. 친구는 당황하며 이렇게 말했다. "나는 오늘 너랑 만나기로 약속한 적이 없어. 너랑 통화한 게 벌써 몇 달 전인데…."

어찌 된 일일까? 당황한 그는 미안하다고 사과한 후 전화를 끊고 나서 휴대폰에 남아 있는 친구와의 통화 목록을 찬찬히 살펴보았다. 목록에 기록된 그와 친구의 마지막 통화는 며칠 전이 아닌 3개월 전이었다! 이를 확인한 그는 자신이 드디어 정신이 나가버렸다고 생각했고, 더럭 겁이 나자 내게 전화한 것이었다. 이야기를 들은 나는 누구나 고도로 스트레스를 받는 상황에서 할 수 있음 직한 실수라고 말해주었고, 내가 어렸을 때 보았던 달걀귀신 이야기를 들려주며 일부러 키득거렸다. 그제야 그는 "제가 미친 게 아니라는 거죠?"라면서 한숨을 쉬었고, 목소리가 한결 안정되었다.

신념 영역

안전감 상실. 적절한 환경에서 자란 사람은 안전에 대한 확증이 없음에도 자연스럽게 타인과 세상에 대한 신뢰와 안전감을 발달시킨다. 그리고 이를 토대로 세상이 의미 있는 곳이며 자신이 잘못하지 않는 한 부정적인 일이 발생하지 않으리라는 생각과 가치감을 형성한다. 이후에 경험되는 새로운 정보는 이러한 기존의 신념에 동화되며 우리는 여전히 '세상은 안전하다'는 신념을 유지하면서 살아간다.[14]

> 이제 누구도 결코 안전할 수 없다는 생각이 들어 불안하고 늘 걱정돼요. … 외국에 나가 있는 아들이 사고를 당하지 않을까 노심초사하고, 밖에 나간 딸이 조금만 연락이 닿지 않아도 미칠 것처럼 화가 나요.
>
> _살인미수 피해자의 진술에서 발췌

그러나 강력범죄 피해와 같이 끔찍하고 부정적인 사건이 예기치 않게 발생하면 상황은 달라진다. 기존에 가지고 있던 안이한 세계관이 더 이상 유지되기 어려우며 자기, 타인 그리고 세상에 대한 도식과 신념이 하루아침에 부정적으로 바뀐다.[15] 이제 세상은 위험하기 짝이 없는 공간으로 인식되며 피해자 자신뿐만 아니라 가족과 친밀한 대상의 안전까지도 지나치게 걱정하고 염려하며 안전을 반복적으로 확인하고 싶은 강박에 시달리곤 한다. 이것이 나이 어린 가족 구성원(즉, 어린 자녀)에게 지나친 간섭과 압력으로 지각될 수 있으며, 그로 인해 가족 내 갈등이 심화되기도 한다.

<u>신뢰감 상실</u> 문화에 상관없이 거의 모든 아이가 '콩쥐 팥쥐', '헨젤과 그레텔' 혹은 '백설공주'와 같은 동화나 노래 혹은 놀이를 통해 권선징악적 가치 기준을 주입받으며 성장한다. 그렇게 자란 우리는 좋은 일은 선한 사람에게 그리고 나쁜 일은 악한 사람에게만 일어난다는 믿음, 즉 정의로운 세계관(just-world belief)을 형성하고 그 덕에 '내가 나쁜 짓을 하지 않는 한 끔찍한 일이 벌어지지 않을 것'이라는 믿음을 토대로 안전감을 느끼며 일상을 영위한다.[16]

물론 가끔은 크고 작은 나쁜 일이 발생하며 이로 인해 정의로운 세계관이 일시적으로 흔들릴 수 있지만, 특별한 이유가 없는 한 우리는 자신이 무엇을 어떻게 잘못했는지 반성하고 앞으로 비슷한 일이 재발하지 않게 하려면 무엇을 해야 하는지 학습함으로써 손상되었던 안전감을 재빨리 회복한다. 그리고 비 온 뒤에 땅이 굳어지듯 '경험을 통해 예측 가능해진 영역'이 확장됨으로써 이전보다 더 높아진 자긍심과 자기 탄력성을 가지고 용기 있게 세상을 탐험한다.

하지만 권선징악적 기준으로 도저히 이해할 수 없을 정도로 끔찍한 일, 특히 범죄가 발생하면 상황은 달라진다. 나의 선악이 아닌 누군가의 선악에 의해 끔찍한 일이 일어날 수 있다는 생각에 의해 정의로운 세계관이 파괴되며, 그 자리를 절망과 분노가 차지한다. 범죄는 피해자의 삶을 한순간에 지옥 끝으로 밀어 넣으며 피해자는 그 속에서 트라우마로 망가진 뇌를 가지고 생존 본능에 의지해 스트레스와 고군분투하며 살아가야 한다.

그뿐만 아니라 피해자는 종종 자신이 본래 그런 끔찍한 일을 당할 만큼 악한 사람인지에 대해 끊임없이 반추하며 자기 파괴적 행동을 보이거나 분노의 화살이 세상을 향함으로써 과민함, 적대적 태도, 공격성 등을 드러내기도 한다.[17] 성폭행 피해 후 힘든 시간을 거쳐 겨우 회복한 어느 피해자는 지하철에서 카메라로 불법 촬영을 당한 뒤 자신이 본래 성적인 사람이어서 그런 피해를 반복적으로 당하는 것이라는 생각에 시달렸다. 살인으로 배우자를 잃은 중년의 여성은 마치 자신이 배우자를 그런 방식으로 잃어야 할 만큼 악한 사람이라는 것을 증명해 보이고자 작심한 사람처럼 자신의 과거를 샅샅이 검열해 사소한 잘못을 찾아내고 자책하기를 반복했다.

가족 영역

남편이 웃는 것도 꼴 보기 싫어요. 애가 저렇게 힘든데 저 사람은 뭐가 저렇게 좋을까라는 생각이 들더라고요. 아이가 일분일초도 내 눈앞에 보이지 않으면 불안해서 살 수가 없어요. 남자만 봐도 가슴이 쿵쾅거리고 검정색 차만 지나가도 소름이 끼쳐요.

_유괴사건 피해자 어머니의 진술에서 발췌

2차 피해가 범죄 발생 후 공동체, 언론, 형사사법 관계자 등의 언행으로 초래되는 피해를 의미한다면, 2차 트라우마 스트레스 (secondary trauma stress, STS)는 삶에서 중요한 의미를 지니는 사람에게 발생한 트라우마 사건으로 인해 제삼자에게 나타나는 후유 증상을 말한다. 피해자를 돕고 있거나 돕고 싶은 마음 때문에 생기는 증상이기 때문에[18] 가족 구성원은 필연적으로 STS에 취약할 수밖에 없다. 최근 한 연구에서 가족 구성원이 피해 당사자 못지않은 트라우마 후유증으로 고통받는다고 나타난 것도 같은 맥락에서 이해할 수 있다.[19]

특히 미성년 자녀가 범죄 피해자가 되었을 때 부모는 자녀를 대리해서 형사사법 절차에 관여해야 하며, 그 과정에서 사건 관련 정보에 노출됨으로써 심각한 STS로 고통받을 수 있다. STS 후유증은 PTSD와 마찬가지로 재경험, 과각성, 회피 그리고 부정적 사고의 증가 등을 포함한다. 부모의 경우 자녀를 안전하게 보호하지 못했다는 생각에서 비롯된 죄책감과 자기 비난, 자기 혐오, 분노 등이 부가되기 때문에 증상이 더욱 복잡해지곤 한다. 그만큼 심리적 개입도 까다로워진다.

더욱이 부모가 그동안 해결하지 않고 무의식에 미뤄두었던 미해결 과제를 STS가 자극하곤 한다. 그래서 어디까지가 STS이고 어디까지가 부모가 원래 가졌던 문제로 인한 증상인지 구분하기 어려운 경우가 드물지 않다. 예를 들어 자녀의 성폭력 피해 사건의 처리 과정에서 기억 저편에 밀어두었던 자신의 아동기 성폭력 피해 경험이 떠오른 어느 어머니는 자녀에 대해 느껴지는 감정이 자신의 미해결 과제 때문인지 자녀의 범죄 피해로 유발된 감정인지를 구분할 수 없다며 고통스러워했다.

더 큰 문제는 부모가 STS로 고통받는 경우, 피해 자녀를 살뜰히 보살피는 것에 어려움이 생길 수 있다는 점이다. 부모의 STS 증상은 개인의 내적 에너지를 고갈시키며 사소한 일에도 쉽게 짜증 내고 적대적으로 반응하도록 만들고, 종종 이성적이고 합리적인 생각과 판단을 방해함으로써 자녀와의 관계에서 효율적으로 기능할 수 없게 만든다. 자녀가 여러 명인 경우 과도한 죄책감 때문에 부모가 피해자만 과잉보호함으로써 비피해 자녀가 상대적 박탈감을 느껴 정서적 문제가 발현할 수 있다. 부모가 자녀들을 보호한다는 이유로 과도하게 행동을 통제하는 경우 자녀들이 그것을 간섭으로 지각함으로써 관계가 악화되고 부모와 자녀 모두의 심리적 건강이 나빠지기도 한다.

많은 부모가 자녀의 범죄 피해 사실을 다른 사람이 아는 것을 원치 않으며, 이 때문에 종종 피해 자녀의 입단속을 하곤 한다. 하지만 부모의 바람과 달리 아이, 특히 어린아이는 사건 기억이 떠오를 때 상황을 살피지 않고 말로 표현하는 경우가 많다. 이는 발달적으로 지극히 자연스럽고 당연한 현상이다. 하지만 범죄 피해 사실을 감추고 싶은 부모에게는 적잖은 당혹감을 유발하며 놀란 마음에 피해 자녀를 꾸짖거나 넌지시 비난함으로써 아이에게 수치심이나 죄책감을 일으킨다.

트라우마 후 많은 피해자가 안전한 공간에서 안전한 대상과 트라우마적 경험에 대해 이야기 나누기를 원하는데, 이런 경험은 트라우마적 기억의 처리에 매우 가치 있고 중요하다. 하지만 STS는 아이에게 이러한 경험을 허용할 만한 여유를 부모에게 허락하지 않는다. 안타까운 것은 많은 부모가 치유적 '이야기'를 통해 회복될 기회는 차단하면서 사건을 더 잘 이해하고 싶은 욕심에 안전하지 않은 공간에서 안전하지 않은 방식으로, 심지어 침투적인 방식으로 자녀에게 사건에 대해 캐묻기를 반복하는 경우가 많다는 점이다.

의도했든 의도하지 않았든 이런 행동들은 피해 자녀에 대한 명백한 2차 가해로, 그로 인한 후유증은 1차 피해의 후유증보다 더 심각할 수 있으며 호전되기도 더 어렵다. 부모의 부적절한 대응은 아이가 트라우마적 경험에 대해 말함으로써 얻을 이익을 앗아가며, 그 과정에서 아이는 겪지 않아도 되는 죄책감과 수치감, 부적절감, 두려움 등과 추가적으로 싸워야 하는 상황에 놓인다.

부모 중 한 사람만 STS를 겪는 경우 STS로 고통받는 배우자는 상대 배우자를 냉담하고 무책임하고 비공감적이라고 비난한다. STS를 겪지 않는 배우자는 상대 배우자가 지나치게 예민하고 까다로우며 감정적이라고 불평하기도 한다. 그로 인해 부부 갈등이 악화되는 경우 그것을 지켜보는 자녀들은 필연적으로 정서적 고통을 느낄 수밖에 없다. 이런 상황이 길어질수록 가정의 보호적 기능은 쇠퇴하고 서로가 서로를 괴롭히는 형국으로 치달아 최악의 경우 가정이 파탄에 이르기도 한다.

남달리 영특해서 집안의 자랑거리였던 딸이 귀가하는 길에 낯선 사람에 의해 살해된 사건에서, 그날따라 일이 많아 평소와 달리 아이를 마중 나가지 못했던 아버지는 후회와 자책감에 사로잡혀 고통스러워했다. 아이가 살해되던 시간에 드라마를 보고 있었던 어머니는 자기혐오감으로 몸서리쳐야 했고, 남동생은 누나를 대신해 집안의 자랑거리가 되어야 한다는 심리적 압박감에 시달렸다. 그들은 자기만의 방식으로 애도하는 것만으로도 버거워 서로를 보살피는 활동은 불가능한 상태로 지냈다. 때로 고인이 그리워져도 다른 가족 구성원이 가슴 아파 할 것을 염려해 감히 고인을 입에 담지 못했다.

그렇게 몇 달이 흐른 뒤 아버지는 살아남은 아들을 자랑거리로 만드는 일에 몰두하기 시작했으며, 어머니는 참석하는 종교 모임의 수를 늘렸고, 부모의 관심과 기대가 부담스러웠던 아들은 현실로부터 도망쳐 게임에 과몰입하기 시작했다. 각고의 노력에도 이 가족을 위한 심리학적 개입은 별다른 효과를 얻지 못했으며, 사건 후 채 석 달이 지나기도 전에 연락이 두절되었다.

부모가 피해 당사자인 경우 자녀가 STS로 고통받을 수 있다. 부모가 트라우마 후유증으로 감정을 조절하지 못하고 폭발적으로 행동하거나 분노를 참지 못하고 자녀를 폭행하는 등과 같이 정서적, 신체적 학대를 범하는 경우도 있다. 자녀가 어릴수록 범죄 트라우마로 고통스러워하는 부모와 함께 지내는 것이 자녀에게 상당한 고통을 초래한다. 아이는 평소와 달라진 부모를 보면서 자신 때문에 부모에게 끔찍한 일이 벌어졌다는 근거 없는 죄책감을 느끼거나, 부모가 죽거나 멀리 떠남으로써 자신이 버려질지도 모른다는 생각으로 분리불안을 형성할 수도 있다.

따라서 피해자에게 어린 자녀가 있는 경우 피해자뿐만 아니라 자녀에 대한 심리학적 개입의 필요성을 면밀하게 탐색해야 한다. 시의적절한 개입이 이뤄지지 않으면 부모의 트라우마가 자녀에 대한 학대와 방임으로 이어진다. 그로 인해 초래된 뇌 손상과 심리적 곤란들이 자녀의 적응을 방해할 뿐만 아니라 그 자녀가 자신의 자녀를 돌보는 능력을 손상함으로써 범죄 피해의 후유증이 여러 세대를 거쳐 대물림될 수 있음을 기억해야 한다.

대인 관계 영역

아직도 이렇게 사무치게 죽은 아이가 보고 싶은데, 저는 여전히 아이가 이 세상 사람이 아니라는 것이 믿기지 않고 문득문득 꿈 같은

데, 어쩔 수 없이 웃고 떠드는 건데…. 겉만 보고 나아졌다고 사람들이 말할 때마다 무인도에 홀로 있는 것처럼 외롭고 서러워요.

_살인사건 유족의 진술에서 발췌

범죄는 피해자의 안전감을 앗아가는 대신 그 자리에 피해 의식을 놓는 것 같다. 이 때문에 많은 피해자가 사건 후 한동안 대인 관계에서 배타적이고 의심 많은 특징을 드러내게 된다. 이것이 주변 사람과 크고 작은 갈등의 원인이 되곤 하는데, 그로 인해 회복의 가장 강력한 예측 요인인 사회적 지지망이 훼손되어 피해자가 고립될 수 있다.

초기에는 지지적인 자세를 유지했던 가족이 시간 경과에 따라 좀 더 빨리 회복하지 못하는 피해자를 넌지시 재촉하고 비난하기도 한다. 이러한 것들이 피해자에게 '가족조차 나를 이해해 주지 않는다'고 생각하게 만듦으로써 무력감과 절망감 그리고 분노가 심화될 수 있다. 이런 경험이 누적될수록 피해자가 세상을 '적'으로 규정하고 홀로 불의에 맞서 싸우는 투사가 되거나 자포자기하고 술이나 게임 등을 통한 현실 회피에 나설 가능성은 높아진다.

남자들을 보면 '저 사람도 범인과 똑같은 사람일 거야'라는 생각이 들어요. 지나가는 낯선 남자가 저를 쳐다만 봐도 '무슨 생각 하는 거야, 더러운 놈'이라는 생각이 저절로 들어요. 그래서 남자들과 가능한 한 마주치지 않으려고 해요.

_성폭력 피해자의 진술에서 발췌

트라우마 후유증도 피해자의 대인 관계를 왜곡하는 요인으로 작용한다. 과각성된 피해자에게 사람들이 내는 다양한 소음은 견디기 힘든 자극이 될 수 있으며, 이 때문에 대인 관계를 회피하는 피해자가 많다. 범인과 성별이 같거나 인상착의가 비슷한 사람을 피하는 반응은 흔하게 관찰된다. 피해자에 따라서는 보호자나 연인 혹은 친구에게 과잉 의존하기도 하는데, 지나친 의존이 주변 사람을 지치고 피로하게 만들어 관계가 악화되는 경우가 있다.

안전감을 잃고 흔들리는 이웃

정서 영역

STS는 피해자의 가족뿐만 아니라 주변 사람을 포함한 이웃에게도 발생할 수 있다. 묻지마범죄처럼 사건의 속성이 통제감 상실을 유발하거나 평소 피해자와 친밀한 관계였거나 사건 후 피해자를 지원해야만 하는 처지에 놓인 사람일수록 STS에 취약하다.

사건 발생지와 가까운 곳에 거주지나 근무지가 있는 경우에도 STS 위험이 높아지는데, 피해자가 아닌 자신이 범죄의 표적이 되었을지도 모른다는 생각에서 오는 공포 때문이다. 이렇게 고조된 불안과 공포는 사건 관련 기사에 촉각을 곤두세우고 과민 반응하게 만들며 비통함, 분노 등을 포함한 강렬한 감정 반응을 유발한다.[20]

신념 영역

대부분의 사람은 선량하다. 역사 이래로 자신의 이익, 심지어 단지 호기심 충족을 위해 끔찍한 범죄를 저지르는 사람이 꾸준히 존재해 왔음에도, 인류가 공동체 구성원에 대한 의심과 걱정을 내려놓고 믿고 의지하기를 선택하고도 멸망하기는커녕 이처럼 번성한 것도 그 덕분이리라. 물론 그 대가로 공동체 바깥에 있는 개인에 대한 의심과 배타심이 강화되었다. 이것이 다양한 차별과 혐오의 옷을 입고 공동체의 건강성을 위협하는 경우가 많기는 하나, 적어도 생존을 위해 같은 하위문화를 공유하는 다른 개체를 의심하기보다는 믿는 일이 더 유익한 것은 분명해 보인다.

같은 맥락에서 티머시 러바인(Timothy Levine) 교수는 인간은 상대방이 진실할 것이라는 믿음을 가지고 의사소통하는 경향이 있다면서, 진실성이 기본 상태(truth-default theory)라고 주장하기도 했다. 하지만 범죄 사건이 발생하면 이러한 믿음이 위협받으며 배타적이고 의심 많은 특성이 강화된다. 다행히 인간에게는 놀라울 정도의 망각 능력과 합리화 능력이 있기에 대부분의 경우 (개인에 따라 시간 차가 있기는 하나) 시간 경과에 따라 서서히 이전의 신뢰와 믿음을 되찾는다. 하지만 비슷한 사건이 반복 발생하는 경우 집단의 회복 탄력성이 심각하게 손상되어 공동체의 건강성이 저하할 수 있다. 이 단계에 이르면 이웃이 범죄 피해자의 가장 든든한 지지 자원이 아니라 강력한 2차 가해자로 둔갑할 수 있다.

공감의 대가, 실무자의 대리 충격

정서 영역

현장에 가면 사건이 보이거든요. 피 묻은 흔적, 피해자가 도망 다닌 자리, 사진 속 얼굴들…. 그런 정보들을 가지고 나도 모르게 사건을 상상하게 되고, 어느 순간 턱 하고 가슴이 막히면서 온몸에 소름이 끼쳐요. 오늘처럼 이렇게 비 오는 날이면, 마음이 축 가라앉으면서 그 장면들이 불쑥불쑥 떠올라 종일 정신을 차리기 힘들어져요. 눈물도 나고… 이 일은 할수록 익숙해서 편해지는 게 아니라 힘들어지는 거 같아요. 해도 해도 익숙해지지 않는 일이에요.

_살인사건 현장 정리 경험자의 진술에서 발췌

그 피 냄새, 특수 약품 냄새… 저는 지금도 소독약 냄새가 나는 큰
병원은 절대 못 가요. 아주 많이 아파야 동네 병원에 얼른 가서 처
방전 받아 약 타 먹는 게 전부예요. 그 냄새가 나는 병원에 가면 제
가 정리했던 살인사건 현장이 떠올라서 견딜 수가 없어요. 현장에
서 피 닦을 때 쓰던 소독약과 같은 냄새거든요.

_살인사건 현장 정리 경험자의 진술에서 발췌

범죄 피해자 지원 실무자는 사건 직후 피해자를 신체적, 심리
적 차원에서 지원해야 하기 때문에 STS에 매우 취약할 수밖에
없다. 119 구급대원과 현장 출동 경찰관, 살인사건 현장 청소팀,
응급의학과 의료 인력, 그리고 피해자를 위해 심리 지원 서비스
를 제공하는 사회복지사와 정신건강 전문가가 범죄 관련 정보
에 직간접적으로 노출됨으로써 STS로 고통받는다는 사실은 이
미 여러 연구를 통해 충분히 입증되었다.[21]

주목할 만한 것은 감정이입을 잘하는 실무자일수록 STS 증상
이 심해진다는 점이다. 범죄 사건을 '처리해야 할 일'로 보며 심
리적 거리를 유지하고 STS에 잘 저항하던 실무자가 감정이입을
강도 높게 할 수밖에 없는 종류의 사건, 즉 가족이나 동료 혹은

친구와 같이 친밀한 대상이 피해자인 사건에서는 불안, 공포, 비통함, 분노 등의 복잡한 감정으로 고통스러워하는 것도 이 때문이다.

이런 면에서 범죄 피해자 지원 실무자가 지원 과정에서 사건을 객관화하며 거리 두기를 시도하는 것은 일종의 생존 본능이라 할 수 있다. 하지만 자기 보호를 위해 사건을 객관화할수록 피해자 지원 업무에 필수적인 공감을 하기 어려울 가능성이 높아진다. 이것이 실무자를 종종 딜레마에 빠뜨리며 둘 사이에서 적절히 균형을 맞추지 못하는 경우, 연민 피로 증후군이나 대리 외상화에 급속히 취약해질 수 있다.

연민 피로 증후군

어떨 때는 내담자가 상담에 오지 않기를 바라는 간절한 마음이 저도 모르게 들 때가 있어요. 머리로는 내담자의 혼란스럽고 고통스러운 입장이 충분히 이해되는데, 마음에서는 내담자를 그만 보고 싶어 해요. 그런 생각이 들면 제가 이 정도밖에 안 되는 사람이었나 싶어져서 자주 울적해져요. 이 일을 계속하는 게 맞는지 자주 고민하고 있어요.

_범죄 피해자 지원 실무자의 진술에서 발췌

연민 피로(compassion fatigue) 혹은 공감 피로(empathy fatigue) 증후군은 STS나 대리 외상, 소진 등과 중첩되는 개념으로 정서적 혹은 육체적 소진 때문에 다른 사람에게 공감이나 연민의 감정을 느끼는 능력이 감소하는 것을 말한다. 전반적인 업무 환경이나 일과 관련된 문제에 의해 초래되는 소진(burn out)과 달리, 연민 피로는 트라우마 피해자를 돌보는 경험에 의해 초래된다. 연민 피로 증후군은 분노, 냉담함, 부적절감과 비효능감, 대처 능력 저하 등을 포함하며 업무 효율성을 저하시킬 뿐만 아니라 피해자에 대한 공감 어린 자세를 유지하기 어렵게 만든다.[22]

연민 피로를 열정 피로라고 부르기도 하는데, 피해자를 돌보기 위해 많은 정신 에너지를 소모하는 사람일수록 연민 피로에 취약해지기 때문이다. 피해자와의 심리적 거리를 적절히 유지하지 못하는 경우 피해자의 입장에 지나치게 공명함으로써 정신 에너지가 쉽게 고갈된다. 그리고 의도와 달리 어느 순간 오히려 공감 능력이 저하되면서 피해자를 냉담하고 비공감적으로, 심지어 물건처럼 대하기 시작할 수 있다. 자신이 제공한 돌봄의 양과 질에 비해 피해자가 회복되지 않거나 지나치게 요구적이거나 심지어 자신을 비난하는 경우 연민 피로는 더욱 빠르고 심각하게 진행될 수 있다.

대리 외상

고백하자면 10년 전 어느 날 살인사건 현장을 생생하게 묘사하는 유족과 3시간 동안 진행한 심층 면담을 마친 뒤 밤늦게 귀가하는 길에 나는 누군가 내 뒤를 따라오는 느낌 때문에 수도 없이 뒤를 돌아보아야 했다. 그리고 그날 밤 꿈에서 날카로운 칼끝이 배를 파고드는 생생한 감각(그래서 꿈에서 깬 뒤에도 오랫동안 지속되는 감각)을 경험해야 했다. 이것은 STS 증상의 일부였는데, 다행히 현재 이 후유증은 상당히 호전된 상태다.

그럼에도 나는 어느 순간 잠재적 위험 요소로부터 나와 내 가족을 보호하기 위해 부지불식간에 방어적 행동들을 시작했고, 지금도 여전히 그렇다. 물론 머리로는 세상이 안전하다는 믿음을 유지하려 애쓰고 있고, 이러한 노력이 제법 효과적이어서 일상을 영위하는 데 별다른 어려움이 없다. 하지만 이제 인정한다. 내가 결코 범죄 피해자를 지원하기 이전처럼 이웃과 소통하기 위해 현관문을 열어놓고 지내거나 밤늦은 시각에 지름길이라는 이유로 어두운 골목을 걸어가거나 SNS에 프로필 사진이나 사적인 이야기를 남기는 행동을 할 수 없게 되었음을.

이 일을 하면서 달라진 건⋯ 음, 제가 많이 착해졌어요. 건방을 떨지 않고 조용히 살게 됐죠. 사람들이 저더러 그래요, 왜 그렇게 굽실거리냐고. 이 일을 하다 보면 그렇게 되는 것 같아요. 사람들한테

무조건 '선생님' 소리 해가면서 굽실거리는 게 버릇이 됐어요. 혹시
라도 안 좋은 감정이 들어 저를 해코지할까 봐 겁이 나거든요.

_범죄 피해자 지원 실무자의 진술에서 발췌

저는 걸어서 절대 집에 안 가요. 특히 밤늦은 시간에는 택시를 타도
꼭 대문 앞까지 가야만 해요. 혼자 걷는 건 상상도 못 해요. 누가 뒤
에서 덮칠까 봐 겁이 나서 뒤를 돌아보고 또 돌아봐도 안심이 안 돼
요. 친구들과 모임이 있을 때면, 저를 집에 데려다줄 사람을 먼저
정해놓고 놀아야 마음이 놓이지, 그렇지 않으면 돌아갈 길이 걱정
돼 놀 수가 없어요.

_범죄 피해자 지원 실무자의 진술에서 발췌

이런 증상들을 대리 외상화(vicarious traumatization)라고 부른
다. 대리 외상화는 트라우마 피해자를 지원하는 실무자에게서
공통되게 관찰되는 현상으로 자신과 타인에 대한 생각, 느낌, 행
동 등의 지속적 변화, 특히 자기 변형을 설명하기 위해 사용되는
용어다.[23] STS와 대리 외상화, 소진, 연민 피로 등의 개념이 종종
혼용되기는 하나 다른 개념과 구분되는 대리 외상화 특유의 증
상은 애착과 신념의 변화다.[24] 대리 외상화는 지원가의 안전, 신
뢰, 자존감, 친밀감, 힘, 독립심, 영성, 세계관, 그리고 자기개념
뿐만 아니라 통제와 관련된 인지적 도식의 부적응적 변화와 붕

괴를 유발한다. 심한 경우 PTSD를 초래할 수 있다.[25]

적절한 환경에서 자란 사람은 자연스레 타인과 세상에 대한 신뢰와 안전감을 발달시키며, 이러한 믿음에 맞추어 세상을 해석한다.[26] 그러나 피해자 지원 과정에서 범죄 현장의 끔찍함과 피해자의 고통을 반복적으로 목도하는 것은 이러한 믿음을 심각하게 손상할 수 있다. 피해자가 이야기하는 사건 장면, 냄새, 소리, 촉감이 실무자에게 고스란히 스며들어 침투적 공포를 유발한다. 이것이 수면을 방해하고 강인함과 신뢰감, 갈망, 그리고 건강한 대인 관계와 웃음을 빼앗아 간다.[27]

대리 외상화의 원인은 두말할 것도 없이 트라우마 사건을 경험한 여러 명의 피해자와 지속적으로 만나 그들의 경험을 깊이 있게 듣고 경청하며 공감하는 것이다. 개인에 따라 누군가는 대리 외상화에 좀 더 취약하고 또 다른 누군가는 덜 취약할 수 있으나, 범죄 피해자 지원 경험은 누구에게나 대리 외상화를 초래할 만큼 강력한 위험 요인임에 틀림없다.

무너진 안전감은 좀처럼 회복되지 못하는 것 같다. 설사 대리 외상화를 겪은 후 이전보다 더 정신적으로 성장한다고 해도 (이를 대리 외상 후 성장이라고 한다) 그것이 이전과 같은 수준의 안전감 복구를 의미하지는 않는다. 그저 대리 외상화 증상과 친해져서 그것이 '지금-여기'에서의 삶을 방해하지 않도록 하는 것이 최선일 뿐이다. 대리 외상화는 실무자 자신의 정신적 안녕을 위협할 뿐만 아니라 피해자 지원의 질적 저하를 초래하기 때문에 공동체 구성원들이 관심을 가지고 함께 고민해야만 하는 중요한 쟁점이다.

사회의 품격과 범죄

범죄의 사회적 비용

범죄로 인해 발생하는 사회적 비용은 실로 막대하다. 여기에는 보안과 방범 그리고 보험 등에 소요되는 예방 비용, 범죄로 발생하는 재산 손실과 신체적, 정신적 피해를 의미하는 결과 비용, 그리고 수사기관과 교정기관 운영비 같은 대응 비용이 포함된다. 2011년 형사정책연구원에서 발간한 보고서에 따르면 2008년 한 해 범죄의 사회적 비용 추계액은 158조 원에 달한다.[28] 국민 1인당 1년에 약 326만 5,000원을 범죄 관련 비용으로 부담하는 셈이다.

우리 사회에 큰 파장을 일으켰던 연쇄 살인범인 유영철과 강호순, 서진환 단 세 명의 범죄자가 저지른 범죄의 사회적 비용이 무려 5,557억 원에 달한다는 보고도 있다.[29] 사회적 비용에 대한 최근 조사 결과를 찾기 어렵기는 하나, 시간 경과에 따라 비용이 감소했을 가능성은 극히 낮다. 또한 미디어를 통해 범죄의 자극적인 결과들이 무분별하게 유포되어 국민적 불안과 긴장이 고조됨으로써 초래되는 간접 비용을 감안할 때, 오히려 10년 전보다 비용이 크게 증가했다고 추정하는 것이 타당해 보인다.

한편 2016년 형사정책연구원 발표에 의하면 보호관찰 대상자의 재범률이 1% 낮아질 때마다 범죄로 인한 사회적 비용이 연간 약 903억 원 절감된다.[30] 이는 재범 억제를 위한 범죄자 교정과 상담이 얼마나 중요하고 의미 있는지를 잘 보여준다.

사회의 질 저하

사회의 질은 한 사회를 구성하는 시민이 공동체 내에서 자신의 잠재력을 충분히 발휘하면서 경제적이고 문화적인 삶을 누리는 정도를 의미한다. 질 좋은 사회는 안전하고 신뢰가 있으며 포용하고 활력 있는 문화를 특징으로 하며, 그 사회의 품격이라 할 수 있다.[31] 이런 맥락에서 의심의 여지 없이 범죄는 사회의 질을 저하시키는 주요 변수다.

질 좋은 사회는 하나의 치유 공동체로 기능해야 한다. 하지만 반복된 강력범죄로 사회의 질이 떨어지면 국민은 언제든 범죄 피해자가 될 수 있다는 불안을 가짐으로써, 호혜적이고 지지적인 관계를 형성하고 유지하기 어렵게 되며 치유의 힘을 잃을 수 있다.

비열한 세계 증후군

범죄는 안전감을 빼앗아 갈 뿐만 아니라 세상에 대한 긍정적 기대와 호기심, 심지어 연민을 파괴해 공동체 구성원들에게 비열한 세계관을 가지도록 할 수 있다. 비열한 세계 증후군(mean world syndrome)은 저널리스트였던 조지 거브너(George Gerbner)가 1970년대에 처음으로 제안한 개념으로, 미디어를 통해 폭력적 사건에 빈번하게 간접 노출됨으로써 세상이 실제보다 더 위험하고 비열하다고 생각하는 인지적 편향을 발달시키는 현상을 말한다.

거브너에 따르면 비열한 세계관을 가진 시민들은 범죄에 대한 두려움과 공포 그리고 환경적 자극에 대한 과민함과 과잉 경계를 드러내며 지나치게 비관적인 태도를 보인다. 하지만 아이러니하게도 대중은 그럴수록 세상이 얼마나 악의에 찬 공간인지에만 편파적으로 몰두할 뿐, 정작 실제 범죄 사건의 피해자가 얼마나 고통스러울지에 대해서는 냉담한 반응을 보인다.

이는 위험으로부터 자신을 지켜내는 것에 과잉 초점을 맞춤으로써 범죄로 인해 취약해진 사람을 위로하고 돌볼 심리적 여력이 없어진 결과로 이해된다. 이러한 현상은 범죄 피해자 지원 실무자의 연민 피로 증후군과 유사해서, 직간접적인 범죄 트라우마에 반복 노출됨으로써 사회 전체가 연민 피로 증후군에 빠진 것과 비슷해 보인다.

나가며

범죄는 피해 당사자의 신체, 심리 그리고 관계 영역에서 막대한 손상을 초래하며 그에 따른 사회적 비용도 상당하다. 피해자는 범죄 행위로 인한 직간접적인 손실(1차 피해자화)뿐만 아니라 사건이 종료된 후 매스미디어, 지역사회, 형사사법기관 등과의 접촉 과정에서 크고 작은 2차 피해에 노출된다.[32] 경우에 따라 1차 피해보다 2차가 피해자에게 더 심각하고 끔찍한 결과를 낳기도 한다. 이러한 경험들이 피해자의 삶 궤적을 바꿔버림으로써 대인 관계 부적응과 우울증, 성격장애, 자살, 재피해자화 등을 포함한 다양한 문제를 일으키는데, 이를 3차 피해라고 부른다.

범죄의 영향은 피해 당사자에게 국한되지 않아서 가족과 지역공동체, 나아가 사회 전반의 건강성을 심각하게 손상한다. 사건 처리 과정에서 다수의 STS 피해자와 대리 외상화 피해자가 생길 수 있으며, 형사사법기관을 포함한 국가 기관에 대한 불신과 적개심이 조장됨으로써 신고율이 감소하는 경우 사회의 건전성이 낮아진다. 범죄에 대한 막연한 불안과 공포감은 시민들의 심리적 안녕감을 대가로 하며 더 많은 사회비용이 필요해지도록 만든다. 이러한 점들은 범죄 현상이 가해자와 피해자만의 문제가 아니라 사회 구성원 전체가 지속적으로 관심을 두고 적극적으로 대응해야만 하는 쟁점임을 잘 보여준다.

그래도 살 만한
세상이라는 믿음

●●●

사람들은 저를 피해자라고 낙인찍고, 피해자처럼 대
해요. 그래서 저를 동정하는 사람은 만나기 싫어요.
지금껏 그 누구도 제게 호의 따위 베풀지 않았는데,
엄마가 죽고 나니까 새삼스레 관심을 준다고 너무
달라붙어요. 자꾸 그러니 부담스럽고 죽고 싶어요.
그래서 사람들을 더 피하게 돼요. 피해자가 아니라
그냥 이웃으로, 사회 일원으로 자연스럽게 대해줬으
면 좋겠어요.

_살인사건 유족의 진술에서 발췌

안타깝게도 범인이 표적으로 삼는 순간 누구나 범죄 피해자가 될 수 있다. 이것이 우리가 피해자 보호에 관심을 기울여야 하는 이유다. 지금 당신이 피해자에게 보이는 연민과 배려는 미래를 위한 최고의 보험일 수 있다. 이제 보험약관을 살펴보는 심정으로 범죄 피해로부터의 회복과 성장을 촉진하는 요인을 살펴보고 피해자가 건강한 이웃으로 돌아오도록 돕기 위해 우리가 할 수 있는 것이 무엇인지 고민을 시작해 보자.

삶의 주인이라는 감각

몇 해 전 흥미로운 기사를 읽은 기억이 있다. 기사의 제목은 "트라우마 치료 가능성 열린다: 쥐 실험 결과 과거 고통에 대한 기억 사라져"였다.[1] 이 제목은 트라우마 연구자이자 치료자인 나의 호기심을 끌기에 충분했다. 기사는 토론토대학교 신경과학 연구팀이 특정 화학물질을 투여해 특정 세포의 활동을 억제함으로써 그 기억을 소멸시킬 수 있음을 발견했다고 밝혔다. 연구자들의 주장대로라면 트라우마 기억만 선택적으로 억제함으로써 그 기억으로 초래되는 정신적 고통을 사라지게 하는 것이 가능해진다.

트라우마로 고통받는 수많은 사람과 그들을 지원하는 여러 직군의 실무자에게 이보다 좋은 소식이 있을까? 하지만 이 기사를 읽으면서 나는 고개를 갸웃거렸다. 과연 사건 기억만 떠오르지 않게 억제하면 모든 문제가 사라질까? 기억을 제거하면 트라우마로 심각하게 손상된 뇌의 기능이 자동으로 원상 복구될까? 트라우마 치료 실무에서 '기억'이 뇌뿐만 아니라 신체에도 저장된다는 것을 확인하는 일은 그리 어렵지 않은데, 뇌에 저장된 기억을 제거하면 신체 곳곳에 깃든 트라우마의 기억도 사라질까? 그것이 가능하다면 트라우마 기억이 지워진 삶은 과연 의미 있고 행복할까?

나는 지금 이 순간 트라우마, 특히 범죄 트라우마의 후유증으로 고통받는 대부분의 피해자가 1초의 망설임도 없이 '기억을 지울 수만 있다면 그렇게 하겠다'고 말할 것임을 잘 알고 있다. 내가 당사자여도 그럴 테니까. 하지만 트라우마 경험을 계기로 성장한 경험이 있는 사람이라면 결코 기억 삭제 작업을 원치 않으리라는 것 역시 잘 알고 있다.

인간은 삶 속에서 스스로 성장한다. 그 과정이 고통의 몸부림이든, 적당히 부인하고 억압하면서 이전과 같은 수준의 품위를 유지하려는 몸부림이든 트라우마적 사건을 경험한 후에도 그러한 성장은 멈춤 없이 지속된다. 모든 후유 증상은 트라우마로부터 회복하려는 시도에서 비롯되며, 놀랍게도 그 과정에서 모두가 각자의 방식으로 각자의 그릇만큼 정신적 성장을 이뤄나간다. 이것은 '이론'이 아닌 실제다. 그동안 자기만의 방식으로 트라우마를 삶에 재통합하는 범죄 피해자의 고된 여정을 함께해온 내가 그 증인이다. 그들은 내가 잠시 잊고 있을 때마다 인간의 내면에 얼마나 강한 자기 치유의 힘이 자리하는지를 일깨워주는 훌륭한 스승이었다.

트라우마적 사건을 경험한 이후에 이전보다 자기 지각과 대인 관계, 그리고 삶에서 성숙해지는 것을 외상 후 성장(post traumatic growth)이라고 한다.[2] 외상 후 성장의 속도와 방식은 개인에 따라 매우 달라서, 꾸준하고 지속적으로 성숙하는 사람도 있지만 사건 직후 빠른 성장을 보였다가 어느 순간(보통은 생활 스트레스 증가나 또 다른 트라우마 피해로) 속도가 느려지거나 일시적으로 멈추는 사람도 있다. 또한 고통스러운 시간을 오랫동안 보내다가 어느 순간 대오각성을 하듯 성장하는 사람도 있다.

주지해야 할 것은 대부분의 경우 적어도 주변 사람이 기대하는 것보다는 성장 속도가 느린 편이어서, 시간이 지날수록 인내심이 고갈된 주변 사람이 피해자가 기대만큼 빨리 성장하지 않는 것을 불평하곤 한다는 점이다. 그간의 경험에 비추어 볼 때 주변 사람이 발휘 가능한 인내심의 유효기간은 그다지 길지 못해서 짧으면 3개월, 길면 6개월가량인 것 같다.

물론 흔하지는 않지만 수년 이상 인내심을 가지고 피해자와 함께 인고의 시간을 보내는 가족이나 친구들이 존재하는데, 심리적 경계를 잘 유지하면서 인내심을 가지고 기다려줄 수만 있다면 그보다 더 좋은 치료 전략은 없다. 하지만 가족이나 이웃이 피해자의 고통에 과도하게 공감하는 과정에서 경계를 허물고 과잉 밀착하는 경우 외상 후 성장의 속도가 오히려 더뎌질 수 있다는 점도 기억해야 한다.

범죄 피해의 상처를 가능한 한 빨리 복구하기 위해 국가와 공동체 구성원들이 함께 노력해야 하는 것은 분명하지만, 그렇다고 피해 당사자가 아무것도 하지 않아도 되는 것은 아니다. 누군가가 범죄 피해자가 되었다고 해서 삶에 대한 그의 책임이 면해질 수는 없는 노릇이다. 범죄 피해에도 불구하고 '범죄 피해로 인해 침범당하지 않은 삶의 다른 측면'에 대한 책임은 여전히 그 자신에게 있어야 하며, 그 책임을 무겁게 느낄 수 있어야만 비로소 성장의 동력이 생긴다.

주변의 과도한 보호 노력과 책임 면제는 오히려 피해자를 무력화하며, 성장 의지를 약화시킨다. 최악의 경우 피해자가 삶의 과정에서 겪는 크고 작은 어려움들을 범죄 피해 탓으로 돌리면서 좀처럼 앞으로 나아가지 않으려 할 수도 있다. 이런 경우 피해자는 스스로 피해자답기를 선택하고 피해자로 사는 삶에 스스로를 길들이며, 종국에는 피해자라는 정체성에 부합하는 방식으로 삶을 꾸려나간다. 이는 앞서 살펴본 자기 충족적 예언의 결과다.

이 때문에 나는 특별한 이유가 없는 한 심리 상담의 초기 단계에서 범죄 피해자에게 조심스럽지만 단호한 어조로 '심리 상담을 통해 나아지는 것에 대한 책임이 상담자가 아닌 피해자 자신에게 있음'을 언급한다. 일부 피해자가 이 말을 듣고 잠시 당황하기도 하지만, 대부분의 피해자는 이 말에 흔쾌히 동의하며 상담 동기가 더 높아진다. 범죄 피해에도 불구하고 여전히 자기 삶의 주인일 수 있다는 감각은 삶의 주체성 회복에 매우 큰 도움이 된다.

다시 말하지만 피해자의 가족과 이웃, 그리고 피해자를 지원하는 실무자는 구원자가 될 수 없다. 피해자를 구원하는 것은 오로지 피해자 자신뿐이다. 따라서 주변 사람은 구원자가 아닌 건강한 조력자로 남아야 하며 연민과 공감 어린 자세를 유지하되 심리적 경계를 침범하지 않도록, 그리하여 피해자가 여전히 자기 삶의 주인이라는 감각을 유지하도록 해야 한다.

회복을 촉진하는 것들

범죄 후유증의 회복에는 가해자와 피해자 간 관계와 사건 유형
을 포함한 범죄의 특성이나 피해자의 개인 내적 특성, 사회 문화
적 요인 등이 다양하고 복잡하게 얽혀 영향을 준다. 심지어 같은
요인도 어떤 피해자에게는 보호 요인이 되지만 다른 피해자에게
는 위험 요인이 될 수 있다. 예를 들어, 가해자가 아는 사람이라
는 것이 어떤 피해자에게는 '예측 가능성'을 높여주기 때문에 보
호 요인이 되지만 다른 피해자에게는 보복 가능성을 높게 추정
케 하기에 위험 요인이 된다. 여러 연구자와 실무자가 공통되게
언급하는 보호 요인을 중심으로 살펴보면 다음과 같다.

시간

다양한 사연을 가진 사람들과 면담하는 과정에서 내가 자주 듣
는 말은 '시간을 과거로 되돌리고 싶다'이다. 아마도 지금-여기
에 이르러서야 비로소 얻은 지혜를 가지고 과거로 돌아갈 수만
있다면 거의 모든 사람이 과거로 돌아가기를 선택하는 일에 망
설임이 없을 것이다. 과거보다 훨씬 더 현명하게 의사 결정하

게 될 것임이 자명하기 때문이다. 하지만 시간을 되돌리는 대신 '지금에 이르러서야 알게 된 모든 것'을 포기해야만 한다면 어떨까? 그래도 과거로 돌아가는 것에 주저함이 없을까?

인간은 합리적이고 이성적으로 사고하고 판단하는 경향뿐만 아니라 비합리적으로 판단해서 자신의 삶을 파국으로 몰아가는 경향을 모두 지닌 양면적인 존재다. 그래서 너 나 할 것 없이 종종 어리석고 그릇된 의사 결정을 하고 그것에 대해 후회하고 번민하기를 반복하는 와중에서 용케도 가치를 발견하고 성장해 나간다. 그런 의미에서 과거의 어느 순간도 무의미하거나 무가치하다고 말할 수 없는 것 같다. 그 시간이 없었다면 지금의 나 역시 없으니 말이다.

남녀노소를 불문하고 모든 인간은 자기 삶의 주인으로서 매순간 자기만의 방식으로 삶을 만들어간다. 누군가의 눈에 어리석고 게으르고 무책임해 보이고, 심지어 당사자조차 지나고 보니 후회투성이라고 느낄지라도 그것이 각자의 최선이었음을 부정할 수는 없다. 이를 알면서도 많은 사람이 과거를 돌아보며 후회하고 시간을 돌이키고 싶어 한다. 역설적이게도 시간을 돌이킬 수 없음을 너무도 잘 알기 때문이리라.

많은 범죄 피해자가 돌이킬 수 없음을 알면서도 돌이키고 싶은 마음을 내려놓지 못해 밤을 수없이 지새우는데, 주목할 만하게도 그간의 경험에 비추어 볼 때 그것은 수용을 위한 준비 작업인 것 같다. 나와 함께한 대부분의 피해자가 돌이킬 수 없음을 온몸과 정신으로 인정하고 난 후에야 비로소 후회를 멈추고 자신과 세상을 용서하는 과정을 시작했기 때문이다.

많은 사람이 시간을 돌이키고 싶어 하는 피해자에게 "돌이킬 수 없으니 그만 잊어요"라고 말하곤 한다. 망각은 분명 신이 주신 가장 값진 선물이다. 하지만 애석하게도 고통스러운 기억일수록, 그래서 잊고 싶은 바람이 강렬할수록 망각의 속도는 더디다. 심지어 뇌는 트라우마적 사건일수록 망각을 거부한다. 위협적인 상황이 일단 발생하면 뇌는 그 사건의 재발 가능성을 백 퍼센트로 예견한다. 그런 뇌가 트라우마 사건을 잊는 것은 비슷한 상황이 벌어졌을 때 발 빠르게 대응할 기회를 잃는 것을 의미하기에 결코 있을 수 없는 일이다.

이 때문에 나를 포함한 트라우마 치료 전문가는 트라우마 기억의 망각을 논하지 않는다. 그 대신 트라우마 기억과 더불어 살아가는 방법을 고민하며, 이를 극복이라고 부른다. 트라우마 기억의 극복은 인고의 시간을 대가로 한다. 트라우마는 진정제의 도움을 받아 슬퍼하지도 고통스러워하지도 않은 시간을 보낸다고 저절로 해결되지 않는다. 그 기억과 마주한 채 고통스러운 시간을 보내며 자신을 용서할 수 있어야 비로소 트라우마는 과거가 된다.

돌봐주는 단 한 사람

예상할 수 있듯, 트라우마의 가장 강력한 치유 요인은 '시간'이다. 그렇다고 범죄 피해자에게 '시간이 다 해결해 줄 테니 참고 견디라'는 말을 하고자 함은 아니다. 그것이 말하는 이의 '위로하고 싶은 욕구'를 충족해 줄지는 모르겠으나, 피해자에게는 그저 공허한 언어유희에 불과하다. 실제로 현장에서 만나는 다수의 피해자는 가족, 친구, 심지어 종교 지도자가 하는 그런 위로가 도움이 되기는커녕 독이 되었다고 털어놓곤 한다.

시간은 누구에게나 공평하게 흘러간다. 하지만 사람마다 그 시간을 달리 경험하며 결과적으로 시간의 긍정적 효과도 사람마다 달리 나타난다. 보호적인 환경에서 안전하게 지낼 수만 있다면, 시간은 분명 트라우마 회복을 위한 특효약이다. 하지만 홀로 고독하게 후유증과 맞서 싸워야만 하는 경우 긴 시간은 또 다른 고통이 되며, 고통스럽게 보낸 그 시간이 쌓여 증상을 악화시키는 요인이 된다.

회복의 여정은 길고 험난하다. 그래서 홀로 감당하기에는 무척 버겁다. 하지만 죽음이라는 주제의 가장 존경받는 권위자인 엘리자베스 퀴블러로스(Elisabeth Kübler-Ross)의 말처럼 **돌봐주는 단 한 사람만 있어도** 그 길은 덜 외롭고 덜 고단할 수 있으며 인고의 시간도 줄어든다. 이는 피해자가 지각한 사회적 지지의 양과 질이 범죄 피해로 인한 우울과 불안, 적개심 등의 후유증으로부터 피해자를 보호해 주는 완충 역할을 할 뿐만 아니라, 사건 후 겪는 다양한 스트레스에 적응적으로 대처하도록 돕는 것으로 나타난 여러 연구에서도 잘 드러난다.[3] 만일 돌봐주는 사람이 한 사람에서 둘, 셋으로 늘어날 수만 있다면 피해자의 회복 속도는 더 빨라지며 공동체 전체의 건강성은 한층 높아질 것이다.

하지만 주변의 관심과 돌봄이 피해 회복에 매우 중요함에도, 정작 많은 범죄 피해자가 사건 직후 고조된 주변의 관심을 매우 불편해한다. 심지어 피해자에게 주변 사람이 건네는 (평소라면 분명 충분히 위로되었을 만한) 따뜻한 말은 위로가 아닌 경계 침범이나 단순한 호기심, 심지어 관음증적 욕구의 결과로 해석된다. 그뿐만 아니라 친구나 친지, 혹은 이웃의 동정 어린 시선은 불쾌감을 유발하며 고립감을 심화한다.

왜일까? 그것은 평소와 달라진 피해자의 심리와 신체적 상태 때문이다. 이것이 범죄 피해자의 건강한 이웃이 되기 위한 지침이 필요한 까닭이다. 그들에게는 평소와 다른 관심과 배려가 필요하다.

범죄 피해자를 지원하는 나와 동료들은 피해자가 환경적으로 고립되지 않도록 각별한 주의를 기울인다. 예를 들어, 안부 인사를 건네줄 가족이나 이웃조차 없이 삶의 무의미성과 고군분투하는 어느 범죄 피해자에게 우리는 매일 아침 생존을 확인하는 전화를 걸어 안부를 묻고 날씨에 대해 대화한다. 다리가 불편해서 지하 단칸방에서 밖으로 걸어 나오는 것조차 큰마음을 먹어야만 하는 어느 피해자에게 우리는 복지관의 도움을 얻어 반찬을 지원하고 말벗을 붙여준다. 살인으로 아들을 잃고도 아들이 죽음을 자초했다는 주변의 비난 속에서 애도할 권리조차 보장받지 못했던 어머니를 위해 우리는 합동 추모제를 열고 함께 쿠키를 굽고 향초를 만들고 그림을 그린다.

그런 시간이 쌓이고 쌓이면 그들의 시간도 조금씩 안전하게 흘러가고 비로소 사건을 삶에 통합하는 과정을 시작한다는 것을 알기 때문이다. 이웃이 이러한 기능을 해줄 때, 피해자가 세상이 여전히 살 만한 공간임을 인식하는 속도는 더 빨라지지 않을까?

일

범죄 피해자 지원 계획을 세울 때 내가 반드시 확인하는 것 중 하나는 피해자가 사건으로 인해 이전에 하던 일을 그만두었는지 여부다. 범죄는 피해자의 심리적 환경을 한순간에 바꿔버리며, 일시적으로 손상된 뇌는 일상생활 적응뿐만 아니라 업무 효율성까지 저하시킨다. 이 때문에 많은 피해자가 권고사직을 당하며 스스로 휴직을 고려하거나 퇴직을 고민하는 경우가 많다. 하지만 나는 되도록 사건 후에도 이전에 다니던 직장을 계속 다니기를 권유한다. 빈도를 줄이는 한이 있더라도 종교와 취미 그리고 사교 활동 역시 완전히 그만두지 않을 것을 권장한다. 이는 물리적 환경을 사건 이전과 유사한 상태로 유지함으로써 사건으로 인한 심리적 충격의 여파를 줄이고자 함이다.

일이든 취미 활동이든 몰입할 무언가가 있다는 것은 숨 쉴 구멍이 있다는 뜻이다. 이를 본능적으로 아는 것처럼 많은 범죄 피해자가 사건 후에도 일을 줄이지 않는다. 원치 않는 때에 사건 기억이 침입해 들어오는 것을 막기 위한 몸부림의 일환으로 일에 더욱더 몰두하는 경우도 있다. 앞서 살펴본 것처럼 '시간'이 약이 될 수 있는 것이 분명하지만, 고립된 채 홀로 보내는 시간은 종종 끔찍한 독이 된다. 많은 피해자가 홀로 있는 시간 대부분을 사건을 반추하는 데 소비하며, 과도한 반추는 이유 없는 죄책감과 분노를 고조시킬 뿐이다. 그렇게 시간을 보내는 것보다는 실수가 늘어 다른 동료에게 다소 폐가 되더라도 일터에서 사건이 아닌 다른 일에 몰두하며 지내는 것이 더 낫다.

살인사건으로 가족을 잃은 어느 유족은 사건 후 평소에 잘 가지도 않던 교회를 일주일에 세 차례나 다녔고, 집중이 되지 않아 강사가 하는 말을 이해조차 할 수 없으면서도 매일 밤 학원에 가서 두 시간씩 자격증 특강을 들었다. 또한 자신이 먹은 점심 메뉴가 무엇인지도 기억하지 못하는 뇌를 가지고도 주변 사람이 청하지도 않은 도움을 주기 위해 늘 동분서주했다. 어쩔 수 없이 혼자 긴 시간을 보내야 하는 상황에 처하면 그는 수면제를 먹지 않고도 지쳐 쓰러져 잠들 정도가 될 때까지 길거리를 걷고 또 걸었다. 그것이 그가 할 수 있는 '일'이었고, 그 일만이 그에게 잠시라도 '지금-여기'에 존재하고 있음을 확인시켜 주었다. 그로 인해 비통함 속에서도 숨 쉴 여유를 가질 수 있었다.

물론 이런 정도의 몰입조차 불가능할 정도로 뇌가 손상된 경우에는 일의 양을 줄이거나 휴직을 권하지만, 퇴직은 뇌의 기능이 충분히 회복된 뒤에 결정하도록 미루는 것이 바람직하다. 돌아갈 일자리가 있다는 것이 삶에 대한 주체성을 잃지 않게 도와주기 때문이다. 그래서 우리는 가능하면 '퇴직'이 아닌 휴직을 권하며 이를 위해 필요한 각종 절차를 지원하려 애쓴다. 단, 사건 이전의 사회 적응이 양호하지 않았거나 직장이나 지역 사회 내에서 2차 가해가 만연해진 상태라면 차라리 사건 후 새로운 삶을 재건하도록 돕는 것이 낫다. 이때는 새로운 환경에서 새로운 지지망을 구축하도록 촉진하는 것이 우리가 하는 핵심 업무가 된다.

일상적인 활동은 피해자에게 삶의 구조를 제공해 준다. 범죄피해에도 이전과 같은 삶의 구조를 유지하는 것이 피해자의 심리적 혼란을 줄여줄 뿐만 아니라 통제감을 유지해 준다. 이것이 피해 회복의 중요한 밑거름이 된다. 직장 일이든, 집에서 아이를 돌보는 일이든, 취미 활동이든, 단순한 허드렛일이든 상관없다. 규칙적으로 몸을 움직여 무언가를 하는 것은 뇌를 진정시켜 준다. 이 때문에 우리는 일거리가 없는 범죄 피해자에게 움직일 수 있는, 특히 손을 움직여야 할 수 있는 바느질과 뜨개질, 자수, 쿠키 만들기, 그림 그리기와 색칠하기 등을 제공하기 위해 노력한다.

영적 추구

> 종교는 없어요. 그래도 꿈에 시달리다 깨면 나도 모르게 기도를 하게 돼요. 조용히 기도하다 울기도 하고…. 그렇게 기도하다 보면 어느새 잠이 들곤 해요.
>
> _살인사건 유족의 진술에서 발췌

분석심리학의 창시자인 칼 융은 세계 여러 나라를 탐방하는 과정에서 종교의 보편성과 일반성을 관찰했으며, 이를 토대로 인류의 집단 무의식 속에 영성과 종교에 대한 신념이 자리하고 있다고 주장했다. 융의 관점에서 심리 치료의 본질은 내담자가 자기 내면에 있는 신적인 것을 발견해 자기를 실현하도록 하는 것이었다.[4] 굳이 융의 주장을 빌리지 않아도 인간은 본질적으로 영성 추구적인 존재인 것 같다. 내면의 가치와 의미를 추구하고 감동하며 일상에 감사할 줄 안다는 것 자체가 이미 영성 추구적 자세를 가지고 있음을 의미하니 말이다.[5]

주목할 만한 것은 이러한 경향성이 트라우마적 사건이 발생하면 더욱 강해진다는 점이다. 물론 개인차가 매우 커서 누군가는 신에 대한 원망과 불신, 분노 등의 부정적 사고와 감정으로 인해 극도로 혼란스러워하고 사건 전에 믿던 종교를 더 이상 신뢰하지 않거나 종교를 바꾼다. 하지만 또 다른 누군가는 영성 추구적 활동의 양을 늘리고 트라우마를 영적인 맥락에서 해석하고자 애쓰기도 한다. 하지만 둘 모두 영적인 이해를 위한 노력이라는 점에서 결이 다르지 않다.

> 언니가 실종되고 나서도 아무렇지 않게 교회에 가서 무사히 돌아오게 해달라고 간절히 기도했어요. 하지만 언니가 이유 없이 죽임을 당한 걸 알고 난 지금, 교회는 더 이상 제게 안전한 공간이 아니에요.
>
> _살인사건 유족의 진술에서 발췌

그렇다고 범죄 피해자에게 종교를 전파하자는 말은 아니다. 종교가 트라우마 극복에 도움이 되는 것은 사실이지만, 그 효과는 피해자 스스로 선택했을 때만 발현된다. 더욱이 여기서 말하는 '영성'은 종교를 넘어서는 보편적 특성으로 종교 유무, 심지어 유신론자인지 무신론자인지와도 독립적인 개념이며 교회와 성당, 사찰 등과 같은 종교 시설에 가는 것을 의미하지 않는다.

한편 사건 후 종교 활동 과정에서 2차 피해를 입는 사례가 드물지 않다는 점을 기억해 둘 필요가 있다. 낯선 사람에게 유괴되어 성폭행을 당한 후 가까스로 탈출할 수 있었던 어느 10대 청소년은 사건 직후 평소 존경하던 목사가 자신을 바라보며 "아무리 흉악한 죄를 지은 사람이라도 용서할 수 있어야 하나님의 자녀가 될 자격이 있다"라고 하는 말을 듣고 한동안 몹시 혼란스러워하다가 심리적 안정을 위해 과감히 교회를 바꾸었다. 또한 가족을 살인사건으로 잃은 어느 유족은 성당에 함께 다니자고 수시로 연락하는 상담사를 피해 도망 다녔으나 상담사의 추적이 지속되자 심리 상담을 포기했다. 그에게 신은 범인이 사랑하는 가족을 처참하게 죽이는 것을 보고도 막지 않은 '방관자'에 불과했기 때문이다.

종교 활동이 트라우마의 처리 과정을 방해하는 경우도 있다. 살인사건으로 자식을 잃은 어느 아버지는 '신이 자녀를 귀히 쓰시기 위해 일찍 데리고 가신 것'이라는 (많은 살인사건 유족을 분노케 하는) 종교 지도자의 말을 믿기 위해 고군분투했는데, 그 결과 살인범을 향해 치솟는 정상적인 분노와 사망한 자녀에 대한 그리움조차 나쁜 것으로 해석하며 죄책감에 시달려야 했다. 그에게 감정은 종교적 신념에 대한 시험이었기에 억제하고 부정해야 할 무엇이 되었다.

사건 직후 이런 종류의 감정 억제와 부인은 자연스럽고 당연하며, 심리적 생존에 도움이 될 수도 있다. 하지만 이런 상태가 지속되는 경우 트라우마의 처리가 불가능해질 수 있으며 당연히 회복 속도가 더뎌질 수밖에 없다.

회복을 방해하는 것들

2차 가해

범죄 피해자의 회복과 성장을 방해하는 요인은 두말할 것도 없이 2차 가해다. 여기에는 언론의 무분별한 사건 보도와 형사사법 절차상의 2차 가해뿐만 아니라 친구와 동료, 이웃 공동체에 의해 자행되는 2차 가해도 포함된다. 안타깝지만 피해자들의 입장에서 언론과 형사사법기관은 잠재적 2차 가해자로 인식되며 많은 경우 이를 예견하고 자기 보호 방안을 고민하곤 한다. 하지만 지인들과 이웃은 다르다. 많은 피해자가 적어도 주변 사람만큼은 자신의 지지망이 되어주리라고 믿으며, 이론상으로 그들의 이러한 믿음은 충분히 합리적이고 이성적이다. 안타깝게도 피해자의 주변인이 가장 가혹한 2차 가해자가 되는 사례가 드물지 않다.

범죄가 발생하면 사람들은 확증 편향적 태도로 무장한 채 사건을 재해석하며, 그 과정에서 피해자는 범죄 피해를 당해도 마땅한 사람으로 인식되곤 한다. 심지어 평소에는 그렇게도 또렷했던 기억들이 피해자가 참고인 자격으로 증언해 줄 것을 요청하면 갑자기 흐려진다. 평소에는 그렇게도 정의롭고 공정한 듯 행동했던 사람이 자신이 받을 불이익이 두려워 비굴해지며, 그렇게도 공감적이었던 사람이 자기 보호를 위해 냉담해진다.

대부분의 사건에서 (물론 예외도 있지만) 범죄 가해자는 1인이다. 하지만 2차 가해자는 대부분 여러 명이며, 심지어 지역 사회 공동체 구성원의 대부분이 2차 가해자인 경우도 있다. 그뿐만 아니라 아동학대와 학교폭력, 가정폭력 등을 제외한 대부분의 사건에서 범죄 피해는 일회성이지만, 2차 가해는 일상에서 오랜 시간에 걸쳐 지속된다. 이것이 피해자에게 2차 가해가 범죄 자체보다 더 잔혹한 것으로 경험될 수밖에 없는 이유다.

안타깝게도 범죄 발생을 막는 것보다 2차 가해를 막는 것이 훨씬 쉬울 수 있음에도 2차 가해가 줄어들기는커녕 점점 증가하고 있다. 최근 범죄 피해 후 2차 가해에 시달리다가 스스로 생을 마감한 공군 병사의 사례와 같이, 범죄 피해의 영향으로부터 회복하기 위해 고군분투하던 피해자가 2차 가해로 회복의 동력을 잃고 좌절하거나 스스로 목숨을 끊는 일은 지금 이 순간에도 반복해서 일어나고 있다. 더욱 안타까운 것은 그럼에도 불구하고 2차 가해자 대부분이 자신의 행위가 2차 가해인지조차 모른다는 점이다.

경제적 곤란

범죄 피해로 중상해나 사망이 발생한 경우 범죄 피해 구조금이 지급된다. 하지만 구조금만으로는 범죄 피해로 일어난 경제 손실의 온전한 복구는 불가능하다. 피해 직후에는 부족하게나마 경제적 지원을 받을 수 있으나 그것이 소진되는 속도와 피해자의 경제 능력이 회복되는 속도에는 많은 간극이 존재한다. 피해자의 경제적 곤란은 대부분 일시적으로 끝나는 것이 아니라 수개월에서 수년 이상 지속되며 이것이 심리적 회복을 방해하거나 악화시키는 주요 요인이 되곤 한다.

물론 사건 후 직장을 잃었지만 전문기관의 도움으로 재취업에 성공해 제2의 인생을 시작하는 피해자도 있다. 사건 후 업무 효율성이 저하해 실수가 늘었으나 사측의 배려로 수개월간의 병가 후 복귀해 재적응한 피해자도 있다. 그뿐만 아니라 가해자가 보복을 위해 피해자 주변을 맴돈다는 사실을 안 직장 동료들이 낯선 사람이 회사에 방문하면 즉각 피해자에게 알리고, 피해자를 피신시키거나 함께 머물면서 위기에 대응할 태세를 갖추며, 경찰에 연락해 주변 순찰을 강화하도록 요구함으로써 직장을 계속 다닌 피해자도 있다.

이 모든 것은 피해자의 의지와 노력에 공동체 구성원들의 돌봄과 지지가 더해졌기 때문에 가능했다. 사람으로 인해 생긴 상처는 사람으로 인해서 가장 빠르고 효과적으로 치유되는 것 같다. 악인에 의해 파괴된 평범한 삶이 선의를 가진 주변 사람의 도움으로 회복된다는 감각을 유지할 수 있다면, 피해자들이 고단한 삶을 이어나갈 용기가 좀 더 생기지 않을까?

형사사법 절차 관련 스트레스

범인이 죗값에 상응하는 처벌을 받는 것은 건전한 사회 유지라는 맥락에서 매우 중요하다. 피해자가 형사사법 절차에 관여해 당사자로서의 권한을 행사하는 것은 피해 회복이라는 맥락에서 상당한 가치를 지닌다. 피해자를 보호하는 방식으로 진행되기만 한다면 법정 증언이 피해자의 권능감 향상과 심리적 후유증 회복에 상당히 긍정적으로 작용하는 것으로도 나타난 최근 국내 연구에서도 잘 알 수 있다.[6]

하지만 형사사법 절차에 많이 관여할수록 피해 회복이 어렵다는 다수의 보고가 존재한다. 이는 피해자가 형사사법 절차 내에서 당사자가 아닌 주변인으로 진술을 강요당하면서 수사 절차에 따른 피해와 불편을 감수해야 하며 그 과정에서 빈번하게 2차 피해에 노출되기 때문으로 풀이된다. 그로 인한 스트레스는 범죄 피해 자체보다 결코 가볍지 않으며, 피해자의 일상 복귀를 방해한다.

O. J. 심슨은 한때 미식축구 선수이자 영화배우로 미국인의 사랑을 한 몸에 받았으나, 1994년 7월 자신의 전 부인과 한 남성

을 살해한 용의자로 지목되어 1년 가까이 재판을 받았다. 심슨이 현장에서 도망치다 체포되었다는 점, 살해 증거물에서 검출된 그의 유전자, 그의 양말과 차에서 나온 피해자의 혈흔, 범행현장과 그의 저택에서 한 켤레씩 발견된 피에 젖은 가죽 장갑 등많은 증거가 심슨이 범인이라고 가리켰다.

그럼에도 불구하고 법원은 무죄를 선고했고 심슨은 석방되었다. 이후 이 사건은 돈과 인종 문제가 유죄를 무죄로 뒤바꾼전형적인 사건으로 사람들에게 회자되었다. 그러나 이 사건에서 무죄를 선고할 수밖에 없었던 것은 경찰과 검찰이 증거 채취과정에서 여러 가지 실수를 범했고 그로 인해 증거들이 오염되었으며 증거 조작 가능성을 배제하기 어려운 정황이 드러났기때문이다.

이러한 허점들은 합리적인 의심 없이 범죄 혐의가 입증되었다고 보기 어렵게 했고 결국 배심원들은 오랜 토의 끝에 무죄를평결하게 되었다. 증거재판주의 원칙에 따라 형사재판에서 법관이 유죄를 선고하기 위해서는 검사가 제출한 증거가 무죄 추정의 원칙을 깨뜨릴 만큼 신빙성이 높아야 한다. 여기서 증거란증거 능력이 있고 적법한 증거 조사를 거친 증거만을 의미한다.

여기서 기억해야 할 것은 형사재판에서 무죄가 선고되었다는 것이 혐의 입증에 필요할 정도로 증거가 충분하지는 못했음을 의미할 뿐, 반드시 피해자가 거짓말을 했음을 의미하는 것은 아니라는 점이다. 무혐의 결정이나 무죄 선고는 혐의 입증의 책임이 있는 수사기관이 강력한 증거를 발견하지 못했다는 의미일 뿐이다. 따라서 그것만으로 피해자가 무고자라고 단정하는 것은 타당하지 않다.

그러나 현실에서는 수사 단계에서 무혐의 결정을 내리거나 재판 후 무죄가 선고되는 경우 피해자에게 거짓말쟁이라는 낙인을 찍는다. 사건에 대해 아는 사람이 많을수록, 그리고 수사 또는 재판 과정에서 피해자가 2차 피해를 많이 당했을수록 무혐의나 무죄 선고에 따른 사회적 낙인과 2차 피해는 더 가혹해진다. 피해자의 정신적 고통은 그만큼 악화될 수밖에 없다. 물론 무고는 엄히 처벌함이 마땅한 중한 범죄임에 틀림이 없다. 하지만 범죄 피해에도 불구하고 증거가 없어서 무죄가 선고되는 사례가 분명 존재하며, 이런 사건에서 피해자는 수년에 걸친 형사 소송 과정을 견뎌낸 대가로 운이 좋으면 거짓말쟁이라는 낙인을 얻고 운 나쁘면 무고 사건의 피의자 신세가 된다.

우리는 정규 교육 과정에서 나쁜 짓을 했다고 해서 인간으로서 존중받고 공정하게 처우되어야 할 권리가 사라지는 것은 아니라고 배워왔다. 그래서 사람들은 종종 '죄는 미워하되 사람은 미워하지 말자'고 한다. 그렇다면 범죄 피해자는 어떠한가? 증거가 부족해서 무죄 선고가 났다는 이유로 그를 범죄자로 낙인찍고 존중과 배려를 철회해도 온당할까? 대부분의 경우 그가 무고 피의자인지 범죄 피해자인지를 판단하는 데 필요한 충분한 정보가 대중에게는 주어지지 않는다. 따라서 무죄가 선고되어도 그는 여전히 공동체 구성원들에게 피해를 주장한 사람으로 남는 것이 타당하며, 여전히 평범한 우리의 이웃으로 처우되어야 마땅하다.

생활 스트레스

사건 후 몇 년이 지났음에도 여전히 가끔 이른 새벽에 내게 이메일을 보내는 피해자가 있다. 그 시각에 그가 이메일을 보냈다는 것은 악몽을 꾸었으며 그 속에서 수년 전에 발생한 것과 같은 범죄 피해를 또다시 당했음을 의미한다. 그가 이런 증상을 경험하는 것은 대부분 강도 높은 일상생활 스트레스 사건이 일어났다는 증거이기도 하다. 그는 그동안 범죄 사건을 자기의 삶에 통합하는 고된 과정을 차근차근 잘 밟아왔으며 그 덕분에 질적인 면에서 이전보다 나은 삶을 유지하게 되었다. 하지만 생활 스트레스는 공교롭게도 늘 일시적인 증상의 악화를 초래하고, 악몽을 통해 그를 범죄 피해 당시로 돌아가게 만든다.

이러한 현상은 비단 그에게서만 관찰되는 것도, 범죄 피해자에게서만 나타나는 것도 아니다. 많은 사람이 감내력을 넘어서는 정도의 강력한 스트레스 사건에 직면하면 인생에서 가장 고통스러웠던 시기로 회귀하곤 한다. 트라우마 기억은 서로를 잡아당기는 속성이 있는 것 같다. 스트레스가 커서 트라우마적으로 지각된 사건은 과거의 트라우마 기억을 자극해 가까스로 재건한 삶의 구조를 뒤흔든다. 다행스럽게도 이런 흔들림이 반복됨에 따라 대부분의 피해자가 점점 더 강인해지며, 시간 경과에 따라 흔들림의 강도와 빈도는 감소한다. 따라서 피해자와 피해자의 가족 그리고 지인들은 이러한 증상의 경과를 잘 이해하고 대응해야 한다. 항상 그런 것은 아니지만 많은 경우 일시적 증상 악화는 큰 폭의 호전이 뒤따를 징조다.

돌봐주는 단 한 사람의 힘

범죄 피해의 후유증에 영향력을 행사하는 요인들과 피해자 그리고 그 가족의 경험 보고를 토대로 피해자의 회복과 성장을 촉진할 수 있는 이웃(그리고 범죄 피해자 관련 업무 종사자)의 역할을 정리하자면 다음과 같다. 여기에서 제안하는 지침들은 2차 피해를 줄이는 데 초점을 둔 것으로, 현실에서는 피해자와의 관계 특성과 사건의 성질, 피해자가 처한 여러 현실적 여건 등에 따라 융통성 있게 적용할 필요가 있음을 밝힌다.

위로하기

- 위로는 누구에게나 큰 힘이 된다. 하지만 범죄 피해자에게 **말로 하는 섣부른 위로**는 결코 도움이 되지 않는다. 위로한다며 무심코 건넨 말이 상처에 소금을 뿌리는 격이 될 수 있다.
- 위로하고 싶은데 적당한 말이 떠오르지 않는다면 **침묵**하는 것이 낫다.
- 때로는 **연민 어린 눈빛과 목소리**로 "내가 도와줄 수 있는 것이 생기면 언제든지 말해주세요"라고 말하는 것이 최선일 수 있다.
- **힘내**라는 말은 가급적 삼간다. 그런 말만으로도 힘을 낼 수 있다면 굳이 그런 말을 하지 않아도 힘을 낼 수 있는 사람이다. 누군가에게는 '힘내'라는 말이 '힘을 내야만 한다'는 압박으로 작용할 수 있으며, 결과적으로 힘들다는 표현조차 하지 못하게 만들 수 있다.
- **자신이 위로받았던 전략들을 피해자에게 강요하지 않는다.** 사람은 각양각색이다. 범죄 피해자가 되었다고 해서 갑자기 같은 색깔을 지닌 사람이 되지는 않는다.

도움 주기

- 도움을 주기 위해 **평소 관심**을 가지고 **피해자의 욕구를 파악**하

는 것이 중요하다.

- 당신이 주고 싶은 때가 아니라 **피해자가 요청할 때** 도움을 제공한다. 물론 도움이 필요함에도 피해자가 도움을 청하기 힘들어하는 것이 분명하다고 판단되는 경우 먼저 도움을 제안할 수 있다. 이때 피해자가 제안을 분명하게 거절한다면 아무리 필요해 보이더라도 그 도움을 제공하지 않는다. 상대가 원하지 않는 도움은 도움이 아니라 참견에 불과할 수 있다.

- 당신이 주고 싶은 도움이 아니라 **피해자에게 필요한 도움**을 준다. 또한 피해자와 주변 사람의 안위와 관련된 사안이 아닌 한, 피해자가 중간에 거절 의사를 표현하면 언제든 도움 주기를 멈춘다.

- 따뜻한 차 한 잔, 안부 인사, 금방 만든 밑반찬이나 주전부리를 나누어 주는 것, 피해자의 집 앞에 쌓인 낙엽이나 눈을 쓸어주는 것, 사건 처리를 위해 출타할 때 차로 데려다주거나 택시를 불러주는 것, 잠시 어린아이를 맡아주는 것 등과 같은 **소소한 도움**이 피해자가 세상에 대한 신뢰를 회복하는 촉진제가 될 수 있다.

이야기 들어주기

- 피해자의 **말하지 않을 권리를 존중**한다.

- **수다**는 강력한 자기 치유 활동 중 하나다. 따라서 피해자가 일상적인 주제에 대해 이야기한다면 충분히 들어주고 맞장구를 쳐준다. 피해자가 일상에 대해 대화하고 싶어 하는 것은 피해자 답지 않거나 사건으로 인한 후유증이 없어서가 아니라 심리적 생존을 위한 나름의 몸부림일 수 있음을 기억한다.

- 피해자가 사건에 대해 말하고 싶어 하고 **당신에게 그 이야기를 들어줄 심리적 여유**가 있는 경우 피해자가 실컷 말하도록 허용한다. 피해자가 마치 토해내듯 반복해서 사건에 대해 말하는 것은 사건을 머릿속에서 정리하고 이해하며 정서적으로 환기하기 위한 목적일 수 있다. 따라서 피해자가 자신의 감정이 수용되었다고 느낄 수 있도록 차분하게 들어준다.

- 섣부르게 **충고하거나 조언하지 않는다.** 피해자의 말을 듣고 선의로 해주는 여러 말이 결과적으로는 섣부른 비판이나 평가일 수 있다.

- 가능한 한 듣는 것에 주력하고 피해자가 **말하지 않는 것은 굳이 묻지 않는다.**

- 적절한 격려와 공감 반응, 즉 "무슨 말이든 다 들어드릴 수 있습니다. 하고 싶은 말은 무엇이든 마음 놓고 하세요"라고 자연스럽게 촉진하고, 중간에 "천천히 하세요, 듣고 있습니다", "전 시간이 충분히 많으니 잠시 쉬었다가 이야기해도 좋습니다" 등의 말을 해준다.

- 피해자의 말이 논리적이지 않고 두서없으며 때로 부적절하더라도 공감 어린 몸짓으로 끝까지 **들어주는 것**, 그것이 당신이 할 수 있는 최선이다.

- **피해자가 감정을 드러내고자 하지 않는다면 그 결정을 존중한다.** 간혹 피해자들이 사건과 관련된 부정적 정서나 사고의 징후를 드러내지 않을 수 있다. 심지어 아무 일도 없었던 듯 행동할 수도 있다. 이러한 반응은 그들이 트라우마적 사건에도 불구하고 자기감(sense of self)을 유지하기 위해 노력한다는 증거다. 따라서 피해자의 그러한 처리 방식을 존중한다.

- 이야기 도중에 피해자가 감정적으로 동요되어 고통스러워한다면, 그리고 당신이 피해자를 진정시키는 기술을 충분히 습득하지 못한 상태라면 피해자에게 연민 어린 목소리로 "많이 힘드신 것 같아요. 오늘은 여기까지 이야기하는 것이 어떨까요? 못다한 이야기는 잠시 쉬면서 감정을 추스른 뒤에 이어서 하면 좋을 것 같아요"라고 말한다.

- 피해자가 매우 사적인 정보를 말하는 경우 "그 이야기를 제게 해도 괜찮으시겠어요?" 하고 한 번 더 생각해 보도록 해줄 필요가 있다. 간혹 피해자들이 누군가에게 자발적으로 사적인 정보를 이야기한 후 후회하기 때문이다.

- 가능하다면 '정서적으로 무너져 내린' 피해자의 모습이 구경꾼에게 노출되지 않도록 도와줘야 한다. 만일 공개된 장소에서 피

해자가 사건에 대한 이야기를 하는 경우 "사람들이 많은 장소인데 이야기해도 괜찮으시겠어요?"라고 말해주고 가능한 한 좀 더 안전한 장소로 이동해서 이야기를 나눈다.

- 이야기 도중 피해자가 자기 비난에 빠진다면 "당신은 아무것도 잘못하지 않았습니다. 당신 잘못이 아닙니다"라고 말해준다. 그럼에도 불구하고 피해자가 계속 자기 비난을 하면, 자연스러운 현상일 수 있다고 생각하고 그냥 들어주되 부지불식간에 동의의 몸짓을 하지 않도록 주의한다.

- 가능한 한 **차분하고 안정적인 자세**를 유지한다. 함께 울어주고 함께 분노해 주는 것이 때로 피해자의 감정적 정화에 도움이 되기는 하나, 자신의 이야기로 인해 주변 사람이 동요하며 고통스러워하는 모습을 보는 것이 피해자에게 죄책감을 유발할 수 있음을 기억한다. 물론 지나치게 심리적 거리를 둠으로써 피해자에게 냉담하거나 무관심한 사람으로 보이지 않도록 주의해야 한다.

- 만일 피해자가 사건에 대해 이야기하고 싶어 하지만 당신이 그 이야기를 들어줄 마음의 준비가 되지 않았다고 판단된다면 "제가 이야기를 들어드리고 싶지만 죄송하게도 지금은 마음의 준비가 안 되어 있어요. 좀 더 안전하게 이야기 나눌 수 있는 다른 분을 소개해 드려도 될까요?"라고 말하고 스마일센터[7]와 같은 전문기관의 상담을 권유하는 것이 필요하다. 범죄 피해의 상세

한 내용을 피해자의 입을 통해 듣는 것이 때로는 당신에게 2차 외상을 입힐 수 있기 때문이다.

- 대화 중에 "이해해요", "하나님의 뜻이에요", "시간이 지나면 괜찮아질 거예요.", "그만하길 천만다행이에요"와 같은 피상적인 위로가 독이 될 수 있음을 주의한다. 핵심은 '듣는 것'임을 기억한다. 내 이야기에 귀 기울여 경청하는 누군가가 있다는 것만으로도 충분히 위로받는 것이 인간이다. 경험을 구체적으로 보고하는 과정에서 스스로 생각과 감정을 정리하고 자신을 위로할 수 있는 것이 인간이기도 하다.

- 대화 중에 당신의 경험담을 길게 늘어놓지 않는다. 자신의 범죄 피해 경험에 대해 말하고 싶은 욕구가 늘어난 피해자에게 타인의 경험담은 그저 공허한 소리에 불과하며 가르치려는 동기로 해석될 뿐이다. 이런 태도는 피해자가 자신의 이야기를 더 이상 하지 않게 만들 수 있으며, 피해자의 경험을 사소하고 별것 아닌 일로 취급한다는 인상을 줄 수도 있다.

기다리기

- 피해자가 **먼저 다가올 때까지** 기다린다. 범죄 피해 직후에는 적절한 거리 두기를 통한 심리적, 물리적 경계 존중이 중요하다. 다른 트라우마와 달리 인간에 의해 자행되는 범죄는 본질적으

로 심각한 경계 침범을 포함한다. 그 때문에 피해 후 과잉 각성
된 채로 경계 유지에 촉각을 곤두세우는 피해자가 많다. 따라서
피해자에게 갑자기 다가서거나 신체 접촉을 시도하거나 큰 목
소리로 말을 걸거나 예고 없이 피해자의 집에 방문하는 등의 행
동은 되도록 삼간다.

- **좀 더 빨리 나으라고 재촉하지 않고 기다린다.** 회복의 속도는
  피해자에 의해 결정된다. 그것이 하루가 될지 몇 년이 될지는
  피해자조차도 알지 못한다. 분명한 것은 적어도 가족과 이웃이
  기대하는 것보다 속도가 훨씬 느릴 것이라는 점이다. 따라서 가
  족과 주변 사람은 피해자가 자신의 방식으로 회복하는 과정을
  곁에서 묵묵히 지켜봐 주는 인내심을 가져야 한다.

- 피해자가 **스스로 선택할 수 있도록** 기다린다. 트라우마적 사건
  직후에는 합리적인 의사 결정에 상당한 어려움을 보일 수 있다.
  때로는 사소한 결정조차 어려워하면서 가족이나 주변 사람 혹
  은 지원 실무자에게 의사 결정을 미루기도 한다. 하지만 비장애
  성인인 이상 인생에서 모든 선택은 스스로 내려야 하며, 범죄
  피해를 입은 상황이라고 해서 그 원칙이 달라지지는 않는다.

- 합리적인 선택을 내리는 데 필요한 **양질의 정보들을 풍부하게
  제공**해 주는 것이 중요하다. 단, 안전과 관련된 쟁점에서는 피
  해자가 스스로 결정하지 못하는 경우 주변 사람이 대신 결정하
  고 대응해야 한다.

침묵하기

- 소문내지 않는다. 피해자를 가장 괴롭히는 것 중 하나는 '소문'이다. 범죄 피해 사실이 여러 사람에게 알려지는 것은 피해자에게 강도 높은 수치감과 두려움을 유발한다. 사실이 아닌 '거짓' 정보가 소문을 타고 퍼져나가는 경우 피해자의 심리적 고통은 배가되며, 최악의 경우 삶의 의지를 꺾을 수 있음을 기억한다.
- 언론과 주변 사람의 입을 통해 수집한 정보는 대부분 분절적이며 파편화된 것으로, 사실과 다를 가능성이 높다. 따라서 당신이 아는 것이 전부라고 믿고 사람들에게 말하지 않는다.
- 정당한 이유가 없는 한 피해자의 사생활 관련 정보는 철저히 비밀을 보장한다.
- 피해자가 당한 사건을 떠올리게 할 법한 정보나 소식을 피해자에게 말하지 않는다. 다른 사람의 범죄 피해 소식은 자신에게 일어난 사건을 떠올리게 만들며, 다른 피해자에 대한 주변 사람의 대화와 평가는 자신에 대한 것으로 읽힌다. 범죄 피해자가 사건 후 비교적 오랫동안 뉴스나 범죄를 다룬 드라마, 영화, 혹은 TV 예능 프로그램을 보지 않는 것도 이 때문이다.

잘못된 통념에 저항하기

- 범죄 피해자에게 **책임을 전가하지 않는다.** 범죄 사건은 피해자
  의 잘못에 대한 응징, 즉 인과응보가 아니다. 피해자 유발론은
  범죄자들의 자기합리화를 강화하는 위험하고 끔찍한 편견에
  불과하다.
- **피해자답기를 기대하지 않는다.** 피해자다움은 잘못된 통념이
  낳은 허상에 불과하다.
- 범죄 피해자를 당신과는 다른 결의 사람으로 **별스럽게 보고 차
  별하지 않는다.** 그들이 운이 나빠서 범죄 피해를 당한 것은 사
  실이지만, 그 나쁜 운은 바이러스와 같은 전염병이 아니라서 옮
  지 않는다. 그러니 범죄 사건 후 아파트 시세가 떨어질까 쉬쉬
  할 필요도, 내가 범죄 피해를 입을까 두려워 이사를 고민할 이
  유도 없다.

나가며

당신이 아직 범죄 피해를 당한 적이 없다면, 그것은 당신이 누구
보다 진솔하고 성실하게 최선을 다해 삶을 살았기 때문이 아니
라 단지 운이 좋았기 때문일 수 있다. 물론 누군가는 범죄에 보

다 취약한 생활양식이나 직업을 가졌을 수 있다. 하지만 생활양식이나 직업이 오로지 누군가의 노력 여하에 따라 공정하게 선택되는 것이 아님을 이제는 인정할 때가 되었다.

공동체의 안전이라는 맥락에서 범죄에 대한 관심은 분명 가치 있고 중요하다. 하지만 지금처럼 범죄의 잔혹성에만 과도하게 초점 맞추고 피해자를 그저 범죄자의 심리를 이해하기 위한 도구로 소비해 버리는 행태가 지속되는 이상 공동체의 건전성 제고는 고사하고 범죄 발생 억제 효과조차 기대하기 어렵다. 그뿐만 아니라 공동체 구성원들의 불안을 과잉 조장하고 범죄에 대한 오해와 편견을 심화함으로써 혐오와 차별 그리고 그와 관련된 범죄 발생률을 높일 수도 있다. 따라서 이제 범죄 사건의 또 다른 측면, 즉 피해자 입장에서 범죄 사건을 조망하고 그들을 공동체 일원으로서 보호하고 지원할 방법을 적극적으로 모색해야 한다.

상처 품은 아이를
이해한다는 것

그날따라 아빠가 화가 많이 나셨어요. 분을 못 참고 한참 동안 물건을 던지고 동생이랑 저를 때렸어요. 너무 무서워서 동생이랑 둘이 구석에서 웅크리고 가만히 있는데 경찰이 문을 두드렸어요. 지나가는 사람이 애를 때리는 거 같다고 112에 신고했대요. 그래서 조사를 받았는데 맞은 거 얘기하다가 설움이 북받쳐서 아빠가 몸 만지고 이상한 짓 했다는 말을 했어요. 그래서 아빠가 잡혀갔어요. 하지만 전부 거짓말이에요. 제발 아빠 좀 풀어주세요. 엄마가 아빠 없이는 못 산대요.

_아동학대 및 친족 성폭력 피해자 진술에서 발췌

"저도 어린 시절이 분명 있었는데 아이의 심리를 이해하는 건 정말 쉽지 않은 것 같아요. 아동 대상 범죄를 자주 취재하는 우리도 가끔 아이들의 행동이 의아할 때가 있는데, 일반인은 얼마나 이해하기 어려울까 하는 생각이 들어요."

얼마 전 한 시사 프로그램 인터뷰 중 피디에게서 들은 말이다. 내가 아는 한 그는 꽤 숙련된 프로듀서이고 아동과 청소년의 심리를 이해하기 위해 노력하는 제법 훌륭한 어른이다. 그런 그가 이런 말을 한다는 것은 범죄 피해 트라우마를 입은 아이의 반응이 성인과 얼마나 다른지를 잘 보여준다.

아이는 어른의 축소판이 아니다. 그뿐만 아니라 성인에 비해 양육자의 태도나 가치관 또는 소속된 하위문화의 특성에 따라 개인차를 상당히 크게 드러낸다. 심지어 같은 부모 밑에서 자란 아이들도 기질과 출생 서열, 그리고 또래 경험의 양과 질에 따라 서로 다른 성격을 발달시킨다. 이 때문에 특정 아이의 언행을 이해하기 위해서는 그 아이가 소속된 하위문화에 대한 이해가 선행되어야 하며, 아이가 성장 과정에서 무엇을 경험했는지도 면밀히 탐색해야 한다.

아이의 이러한 특성이 범죄 피해라는 커다란 스트레스와 만나면 매우 독특한 반응 양상을 초래하곤 한다. 이 때문에 부모조차도 범죄 피해 후 아이가 보이는 반응 양상이 비상식적이거나 비정상적이어서 진정성을 의심할 만한 것으로 해석하곤 한다. 일상적인 상황이라면 이런 오해가 큰 문제가 되지 않겠으나, 범죄 사건에서는 그렇지가 못하다. 사건 후에 아이가 드러내는 말과 행동이 종종 유무죄를 가르는 중요한 단초가 되기 때문이다.

안타깝게도 아동을 취약한 대상으로 간주해 다양한 보호와 지원 제도가 마련되고 있는 지금도 아동 범죄 피해자의 특유함에 대한 일반인과 형사사법 관계자의 이해 폭은 그다지 넓지 못한 것 같다. 그로 인해 책임 있는 어른이 아이의 언행을 잘못 해석해 적절한 보호와 지원에 실패함으로써 아이의 심리적 문제가 악화되거나 실체적 진실 규명이 어려워지는 경우가 있다. 따라서 이 책의 마지막 장에서는 아동 범죄 피해자에 대한 이해를 넓히기 위해 범죄 유형별 아동의 독특성을 좀 더 자세히 살펴보고자 한다.

올 수 없는 사람을 기다리며 커가는 마음

십수 년 전 경찰로부터 어느 초등학생의 진술 행동을 분석해 달라는 요청을 받은 적이 있었다. 경찰의 말에 따르면 며칠 전 아이의 부모가 크게 부부 싸움을 했고, 다음 날 집 근처 야산에서 등산객이 아내의 시신을 발견했다. 당시 집 안에 부부와 아이 외다른 사람이 없었고 외부인의 출입 흔적도 없었으므로, 남편이 유력한 용의자로 지목되었다. 하지만 남편은 부부 싸움 후 아내가 밖으로 뛰쳐나간 뒤 돌아오지 않았으며 자신은 집 밖에 나간 적이 없다며 범행을 완강히 부인했다.

안타깝게도 시신에 남아 있었을지도 모르는 증거들은 그날 밤 쏟아지던 폭우에 모두 씻겨나갔다. 따라서 부부 싸움이 일어났을 때부터 시신이 발견되기 전까지 집 안에 있었던 아이가 무엇을 보고 들었는지가 수사상 가장 중요한 쟁점으로 부각되었다. 이후 아이는 살인사건의 잠재적 목격자로 장시간에 걸쳐 두 차례 참고인 조사를 받았다. 질문의 요지는 이러했다. "네 아버지가 어머니를 살해하는 것을 보거나 들었니?"

놀랍게도 아이는 수일 전 어머니를 잃은 사람이라고 보기 어려울 정도로 차분한 얼굴로 그 어떤 것도 듣거나 보지 못했다고 진술했다. 아이의 이런 모습이 수사관들에게 너무 낯설고 이상해서 '어린아이가 어떻게 저렇게까지 차분할 수 있을까?', '혹시

극히 드물 정도로 냉철하고 철두철미한 아이가 아닐까?' 하는 의문을 불러일으켰다.

하지만 그들은 너무 중요한 것을 놓치고 있었다. 그것은 바로 아이가 갑작스럽게 어머니를 잃은 나이 어린 유족이라는 점이었다. 경찰 조사 장면을 촬영한 영상 속의 아이는 넋이 나간 듯 무표정했고 눈동자는 초점을 잃고 방황 중이었으며 탁자 밑에 둔 손가락은 끊임없이 있지도 않은 손거스러미를 잡아 뜯고 있었다. 그럼에도 불구하고 아이는 "힘들어?"라는 수사관의 배려 섞인 질문에 너무도 단조로운 어투로 "아니요, 괜찮아요"라고 대답했다. 말 그대로 '완전히 무감정한 상태'에 놓여 있었다.

추정컨대 어머니를 살인으로 잃은 충격을 견딜 수 없었던 아이의 뇌가 심리적 생존을 위해 감정을 억압했고, 그 덕분에 어른들이 놀랄 정도의 침착한 모습을 보였으리라. 이를 위해 온 정신 에너지를 쏟은 덕에 아이에게는 수사관들의 질문을 이해하고 기억을 더듬어 대답할 능력이 남아 있지 않았을 수 있다. 이런 상태의 아이가 할 수 있는 것이라고는 고작 (질문을 잘 이해하지 못한 채) '예' 또는 '아니요'라고 하거나 멍하니 앉아 침묵하는 일뿐이었을 것이다.

가족을 잃는 것은 어른뿐만 아니라 아이에게도 극심한 고통을 초래한다. 간혹 아이가 너무 어려서 죽음의 의미를 모를 것이라고 생각하는 경우가 있는데, 결코 그렇지 않다. 물론, 연구들에 따르면 만 9세가 넘어야 죽음이 모든 사람에게 찾아오며 불가역적인 현상이고 정상적인 생애 주기의 부분이라는 점을 아이가 인식하고 자신과 연관시키는 것이 가능해진다.[1]

하지만 죽음이 불가역적이라는 것을 모른다고 해서 갑작스러운 대상 상실로 인한 심리적 충격이 적거나 없는 것은 결코 아니다. 특히 고인이 아이의 주 양육자일 때 그 충격은 매우 강력할 수 있다. 아이에게는 양육자가 생존을 위해 가장 중요한 대상이기 때문이다. 이런 종류의 트라우마가 심각한 뇌 손상을 유발해 아이의 건강한 발달을 방해할 수 있다는 것은 이미 여러 연구를 통해 입증되었다.

다행스러운 것은 그 충격을 완화해 줄 뿐만 아니라 아이가 슬픔을 딛고 성장하도록 촉진할 묘약이 존재한다는 점이다. 그중하나는 바로 어른의 따뜻한 보살핌이다(아래에서 살펴보겠지만, 또 다른 묘약은 '놀이'다). 좀 더 구체적으로는 슬픔에 빠진 아이를 안정적으로 살뜰히 보살피며 사건 전과 같은 일상을 유지하도록 해주는 것, 나아가 어른들이 고인을 잃은 슬픔을 달래며 비통함 속에서도 일상을 유지하는 모델이 되어주는 것이다.

어른들의 이런 모습을 곁에서 지켜보는 경험을 통해 아이는 자신을 달래는 방법을 학습하고 죽음을 자연스러운 현상으로 받아들일 마음의 준비를 한다. 다만 아이의 부모 역시 사랑하는 가족의 죽음으로 충격에 빠질 가능성이 매우 높으며, 사건 처리를 위해 형사사법 절차에 관여해야 하므로 어린 자녀의 건강한 보호자 역할을 온전히 이행하는 것에 일시적으로 곤란을 보일 수 있다. 그렇기에 사건 후 한동안 공동체 구성원, 특히 가까운 이웃이 부모의 돌봄 역할을 적극적으로 조력하거나 대신해 줄 필요가 있다.

한편 가족이 사망한 경우 어른들이 가장 힘들어하는 지점 중 하나가 바로 아이에게 '가족의 죽음을 알려야 하는가?', '알린다면 어떻게 설명할 것인가?'다. 전문가들은 이러한 질문에 확고하게 말한다. '반드시 곧장 알려야 한다'고. 하지만 많은 유족이 가족의 죽음을 아이에게 알리는 것을 몹시 꺼린다. 그래서 멀리 여행을 떠나 오랫동안 돌아올 수 없게 되었다고 말하는 경우가 많다. 눈에서 멀어지면 마음에서 멀어진다고 했던가? 적어도 피상적인 수준에서 볼 때, 이런 전략은 대부분 썩 효과적이어서 시간이 지날수록 고인에 대한 아이의 그리움과 상실감이 점차 줄어든다. 더 나아가서는 고인에 대한 기억도 흐려질 수 있다.

하지만 그 대가는 생각보다 훨씬 크다. 가족을 잃은 어른들이 감내하기 어려운 심리적 고통으로 몸부림치는 모습을 아이에게 완벽하게 숨기는 것이 사실상 불가능에 가깝기 때문이다. (긴 여행을 떠났다는 것만으로는 설명이 불가능하므로) 원인 모를 비탄에 빠진 어른들을 보는 것은 아이에게 상당한 공포와 혼란감을 유발한다. 안타깝게도 많은 아이가 그 원인을 찾고자 애쓰는데, 보호자의 고통이 자신의 소소한 실수 때문이라고 잘못 생각함으로써 심각한 죄책감을 느끼는 경우가 많으며 이것이 우울증이나 강박증, 분리 불안 장애, 혹은 선택적 함구증 같은 내현화 장애나 거부적이고 적대적인 행동을 포함한 외현화 장애, 야뇨증이나 유분증 같은 배설 장애, 거식증이나 폭식증 같은 섭식 장애 등으로 이어지기도 한다.

따라서 어린 유족에게도 사랑하는 가족 구성원의 죽음을 안전한 방식으로 알리고 함께 애도하도록 해주는 것이 바람직하다. 특히 고인에 대해 아이가 감정을 충분히 표현하도록 시간을 주는 것이 필요하며, 죽음에 대한 아이의 질문에 연민 어린 태도로 성실히 답해주어야 한다. 필요하다면 가능한 한 절제된 방식으로 어른들의 상실감에 대해 알리고, 그것을 극복하기 위해 어른들이 사용하는 대응 전략을 소개하면서 아이에게 도움이 될 만한 전략이 무엇일지 함께 이야기 나누는 것도 좋다.

간혹 어른들이 사랑하는 가족의 죽음을 알림으로써 아이가 '죽음'이라는 주제에 과몰입해 허무주의적이고 무기력하게 자라지 않을까 염려하는 것 같다. 물론 가족의 죽음을 인식함으로써 아이가 비탄에 빠질 수 있기는 하다. 하지만 아이들은 적어도 어른이 생각하는 것보다는 훨씬 빠르게 현재의 삶으로 돌아올 수 있다.

그간의 경험에 비추어 볼 때 범죄 피해를 당한 아이의 사건 후 적응 양상은 성인의 그것과 사뭇 다르다. 성인은 사건에 대한 인지적 이해를 위해 고군분투하느라 현재에 집중하지 못하거나 심한 경우 과거에 매몰된 상태로 긴 시간을 보내는 반면, 아이는 (아주 특별한 이유가 없는 한) 현재로 좀 더 빨리 돌아오는 경향이 있다. 아이의 이러한 반응은 거의 본능적으로 진행되는 것 같은데, 이것이 빠른 회복과 성장의 강력한 동력이 된다.

아이가 어른보다 더 빨리 회복하는 이유는 '지금-여기'에 머무는 내재된 성향을 잃지 않았기 때문인 것 같다. 많은 아이가 안전한 곳에서 안전한 사람과 몰입해서 잘 노는 것, 그리하여 과거도 미래도 아닌 지금-여기에 오롯이 머무는 경험을 하는 것만으로도 제법 빠르게 치유되곤 한다. 내가 아이와의 트라우마 상담에 매력을 느끼는 이유도 여기에 있다. 아이의 빠른 회복은 나로 하여금 '제법 실력 있는 상담자라는 감각'을 잠시나마 느끼게 해주기 때문이다. 물론 내가 한 것이라고는 아이에게 안전한 놀이 공간을 제공해 주고 필요에 따라 아이의 거대한 치유력을 촉진해 준 것이 전부지만(사실 아이뿐만 아니라 어른에게도 놀이, 좀 더 정확히는 '놀이를 통한 몰입'이 놀라울 정도의 치유력을 지닌다).

유족이 된 아이들은 가족을 잃어 슬퍼하는 중에도 용케 순간순간 놀 수 있다. 이런 경험이 누적되면 아이는 어느새 과거와 이별할 용기를 낸다. 실제로 살인사건으로 어머니를 잃은 어느 아이는 (아직도 오지 않을 엄마를 그리워하기는 하지만) 6개월의 놀이치료 후 계속된 조모의 살뜰한 보살핌 덕분에 성장을 계속하고 있다. 살인사건으로 동생을 잃은 뒤 아버지가 마음 아파할 것이 걱정되어 온 힘을 다해 상담실 문밖으로 울음소리가 흘러나가지 못하게 입을 틀어막던 작은 아이도 현재 또래들에게 제법 인기 좋은 친구로 인정받으며 평안한 일상을 꾸려나가고 있다.

역설적인 것은 가족을 잃고도 밝게 노는 아이의 모습이 간혹 비탄에 잠긴 어른들에게 '고인의 죽음을 애도하지 않는 것'처럼 해석되는 경우가 있다는 점이다. 심지어 이를 근거로 아이를 냉담하고 이기적이라고 평가하고 비난하는 경우도 있다. 이런 경험은 아이에게 나아지는 것에 대한 죄책감을 느끼게 만들며, 자기 경험을 보호자와 나누는 것을 꺼리게 만들 수 있으므로 주의가 필요하다. 아이들은 슬프지 않아서가 아니라 슬프기 때문에 더 놀이에 몰두한다. 슬픔에서 벗어나기 위해 놀아야만 한다는 것을 본능적으로 아는 것 같다.

모든 생명체에게 죽음은 필연이다. 이러한 사실에 직면하는 것은 우리에게 적지 않은 불안을 유발하는데, 실존주의 상담에서는 이를 실존적 불안(existential anxiety)이라고 부른다. 실존주의 상담가들은 실존적 불안이 삶의 조건이자 성장 동력이며[2] 인생의 선생이지 제거되거나 회피되어야 할 장애물이 아님을 강조한다.[3] 따라서 그들은 죽음을 논하는 일을 금기하는 것이 아니라 수용하는 것을 중시한다. 안전한 공간에서 안전한 사람과 안전한 방식으로 죽음이 논의된다면, 어른뿐만 아니라 아이도 실존적 불안을 수용하고 성장의 기회로 삼을 용기를 낼 수 있다.

하지만 우리 사회는 여전히 죽음을 입에 담는 것조차 불편하고 부담스러워하는 것 같다. 몇 년 전 학부생에게 정신건강론을 강의하면서 유서 쓰기를 포함한 죽음 대비 교육을 한 적이 있다. 종강 당일 나는 그 유서를 우편으로 발송했다. 학생들이 방학 중에 '어떻게 살 것인가'에 대해 좀 더 깊이 생각해 보기를 바라는 마음으로. 물론 학생들에게 미리 이를 고지하고 동의를 구했으며 부모님이 열어 보고 놀랄 것을 염려해 "본인 외 개봉금지-정신건강론 수업 중 작성한 것임"이라고 쓰는 등 나름대로 철저히 준비했다. 하지만 걱정했던 일이 벌어졌다. '본인 외 개봉금지'라는 단어에 강렬한 호기심을 느낀 어느 아버지가 편지를 뜯어 보았던 것이다. 다행히 학생의 설명을 듣고 아버지는 금세 안정을 되찾았지만, 나는 '수업 중에 죽음을 다루는 이상한 교수'라는 비난을 면치 못했다.

하지만 나는 후회하지 않는다. 그뿐만 아니라 여전히 강의 중에 다양한 형태로 학생들에게 죽음 대비 교육을 시킨다. 유한함을 인정하면 지금-여기에 훨씬 집중할 수 있으며, 비로소 순간을 의미 있게 살아내는 재미를 느끼게 된다. 그리고 사랑하는 사람의 죽음 앞에서 비탄에 빠지면서도 죽음을 겸허히 받아들이고 살아남은 자의 삶을 살아가는 법을 더 빨리 터득하는 것 같다. 그래서 나는 자녀에게 가족의 죽음을 알려야 하는지를 고민하는 유족에게 단호하게 '알려야 한다'고 조언한다.

하지만 질문이 "죽음의 원인이 고의적인 살인이라는 것은 아이에게 알려야 하는가?"라면 이야기가 달라진다. 나는 어린아이에게는 사랑하는 사람이 누군가에 의해 살해되었다는 사실만큼은 알리지 않을 것을 조심스럽게 권한다. 사실 내가 권하지 않더라도 거의 모든 어른이 이를 원치 않는다. 좀 더 정확히는 아이가 가족의 죽음이 살인에 의한 것임을 알게 될 것을 두려워하며 관련 정보를 철저히 차단하고자 노력한다. 어쩌다 아이가 눈치라도 채고 물어보면 '절대 그렇지 않다'고 거짓말하기도 한다.

많은 죽음 중에서 살아남은 가족에게 가장 충격적인 유형은 단언컨대 살인일 것이다. 성인조차도 살인으로 가족을 잃은 경험으로 인해 세상에 대한 두려움을 형성하는데, 하물며 아이는 어떨까? 최악의 경우 세상을 호혜적인 공간으로 인식할 수 없게된다. 가족을 잃은 충격에 살인의 공포까지 얹어주는 것은 아이에게 너무 가혹하다. 이는 앞서 살펴보았던 '잠재적 목격자가 된 아이'의 사례에서도 잘 알 수 있다.

엄마를 벌주지 마세요

아동학대는 인류 역사만큼이나 오래된 현상이며, 종종 가정폭력과 같은 맥락에서 발생하는 매우 심각하고 끔찍한 범죄다. 다른 범죄는 적어도 누군가가 피해자임이 확인된 시점에서는 상황이 종료된 뒤지만, 대부분의 경우 아동학대는 현재 진행형일 뿐만 아니라 (아이 스스로 자기를 보호하기 위해 방법을 찾아낼 능력이 없기 때문에) 미래에도 계속될 가능성이 높다. 그만큼 피해자에게 미치는 영향력이 막대해서, 학대는 아이에게 극도의 공포와 무기력증을 초래할 뿐만 아니라 발달 지도를 비틀어 왜곡시킴으로써 정신과 육체를 병들게 하며 후유증이 성인기까지 지속될 수 있다.[4]

주목할 만한 것은 학대가 반복될수록 아이가 그것에 적응하는 과정에서 관찰 가능한 공포나 두려움을 드러내지 않는다는 점이다. 앞서 살펴본 바 있듯이 공포는 투쟁이나 도주가 가능할 때 경험되는 정서다. 그 어떤 시도로도 학대를 면할 수 없다고 지각되는 일이 반복되면, 아이의 뇌는 심리적 생존을 위해 얼어붙음을 선택함으로써 공포 정서의 체험 자체를 거절한다. 그 덕에 아이는 학대 중에도 부정적 정서에 압도당하지 않게 된다. 그리고 그 대가로 긍정적 정서 체험 능력도 함께 잃는다.

이 때문에 아이가 표면적으로는 비교적 차분해 보이며, 심지어 편안한 상태로 오인될 수도 있다. 학대의 명백한 징후를 알아챈 의료진이 112에 신고했음에도 수일 뒤에 주거지로 찾아간 경찰이 아이를 관찰한 결과, 아이가 가해자로 지목된 계모를 회피하거나 공포심을 느끼는 반응을 보이지 않았다. 그 이유로 경찰은 비학대 사례로 판정하고 별다른 조치 없이 돌아갔고, 얼마 지나지 않아 아이는 여행용 가방에 갇혀 끔찍하게 살해되었다. 이와 유사한 문제가 끊이지 않는 것은 피학대 아동의 이러한 특성을 간과한 탓이다.

하지만 무감동한 상태에서도 스트레스 호르몬이 과잉 분비가 되며, 그것이 학습의 뇌를 손상함으로써 인지능력의 발달이 억제될 수 있다(결과적으로 생물학적 취약성이 없음에도 아이가 지적장애 수준의 지능을 가지게 될 수 있다). 또한 스스로를 보호할 수 없음을 반복 학습한 결과, 아이가 극도로 무기력해져서 투쟁·도주 반응이 효과적일 때조차도 습관처럼 얼어붙는 식으로 대응함으로써(이를 '학습된 무기력'이라고 부른다) 추가 범죄에 매우 취약해질 수 있다.[5]

그뿐만 아니라 학대당한 아이들은 자신의 감정이나 느낌을 안전한 방식으로 표현하는 법을 학습하지 못할 가능성이 높다. 결과적으로 감정을 상황에 맞게 조율하지 못하고 날것 그대로 표출함으로써 또래나 지역사회로부터 배척당할 수 있다. 이렇게 배척당한 아이는 더욱 강한 피해 의식과 분노를 드러내는데,

이것이 주변 사람의 배척 행위를 정당화하고 심화시키는 악순환이 반복될 수 있다.[6]

한편 아동학대 가해자의 80% 이상이 부모다. 사건의 특성상 부모가 가해자일 때 외부에서 사건을 인지할 가능성 또는 학대를 당하는 아이가 폭로할 가능성이 현저히 낮아지기 때문에 학대 빈도가 높아질 수밖에 없다. 그뿐만 아니라 부모 중 학대를 행사하는 사람이 있다는 말은 아주 특별한 상황이 아닌 한 아이에게 학대를 피해 돌아갈 안전한 집이 없음을 의미한다. 비가해 부모가 자녀에게 보호적인 태도를 취하면 그나마 낫지만, 이런 운조차 허락되지 않는 아이들은 위로해 줄 부모도 없이 옴짝달싹할 수 없는 공포를 오롯이 혼자 견뎌내야만 한다. 결론적으로 학대의 영향은 가해자가 부모일 때 더욱 심각해진다.

무엇보다 가장 안전해야 할 공간인 집에서 반복적으로 자행된 학대는 아이에게서 회복의 원천인 놀이 능력을 빼앗아 간다. 놀 수 없는 아이는 자신을 위로할 능력을 잃는다. 그 결과는 참혹하다. 세상에서 가장 위협적인 공간이지만 달리 갈 곳이 없는 아이에게는 그 공간에서 벌어지는 학대에 가능한 한 빨리 적응하는 것이 상책이다. 집이 위험한 곳으로 지각된 이상, 아이에게 집 밖 세상은 더 위험하면 위험했지 결코 안전할 리 없는 곳으로 여겨진다.

따라서 아이는 누군가에게 학대를 알려 도움을 청하는 것을 엄두조차 내지 못하며, 용케 학대 가능성을 의심해 누군가 이런 저런 탐색 질문을 해도 피해를 극구 부인할 수 있다. 우연히 피해를 보고하더라도 폭로 후 벌어지는 다양한 스트레스 상황 때문에 겁을 먹고 진술을 취소하는 일이 잦으며, 자신이 나쁜 아이라서 부모가 화가 났을 뿐 부모는 아무런 죄가 없다며 먼저 나서서 부모 편을 들기도 한다.

> 검사님, 우리 엄마 벌주지 마세요. 엄마는 항상 착하고 우리에게 잘 대해주세요. 제가 말을 안 들어서 엄마가 짜증을 내기는 했지만 그건 전부 제 잘못이에요. 엄마는 저를 때리거나 괴롭히신 적이 정말 없어요. 엄마가 미워서 제가 거짓말한 거예요. 엄마는 항상 저를 사랑하세요. 저는 지금 엄마가 너무 보고 싶어요. 제발 엄마랑 함께 살게 해주세요.
>
> _학대 피해 아동의 자술서에서 발췌

심지어 학대로 인해 시설에 입소한 후 가해 부모가 찾아와 맛있는 것을 사주며 넌지시 퇴소를 종용하면, 아이는 그 말을 믿고 퇴소를 탄원하기도 한다. 하지만 안타깝게도 그런 식으로 원가정에 복귀한 아이 중 다수가 재학대로 고통받으며, 종종 다시 분리 조치되고, 최악의 경우 사망한다(참고로, 매년 40~50명가량의 아이가 자신의 부모에게 맞아서 죽는다).

그럼에도 불구하고 피학대 아이의 분리나 원가정 복귀 조치 시 아이의 의사를 충분히 고려해야 한다는 규정 때문에 실무자들은 매번 아이에게 "너의 엄마(혹은 아빠)를 벌주고 싶니?", "다시 부모님과 같이 살고 싶니?"라고 묻는다. 하지만 학대 트라우마로 인해 말문이 막힌 채 숨죽이고 살아가는 아이에게 이런 질문은 아무런 의미가 없다. 만 18세가 되기 전에는 선거권조차 인정하지 않으면서, 학대 가해자의 품으로 돌아갈지에 대한 결정권은 참으로 일찍감치 아이에게 넘기는 것이 우리의 현실이다.

과연 아이에게 그 정도로 중요한 사안을 검토해 실익을 계산해서 의사 표시를 할 능력이 있을까? 물론 아이의 의사를 존중하는 것은 매우 중요하고 가치 있는 일이다. 하지만 그러한 의사 결정을 위해서는 아이에게 의사 결정에 필요한 정보를 넘치도록 충분히 제공해야 한다.

몇 년 전 학대 피해자의 법정 증인 신문 과정에 참여한 적이 있었다. 이제 막 청소년기에 접어든 아이는 법정 특유의 분위기에 압도되어 잔뜩 겁을 먹은 채 온몸을 떨고 있었다. 그럼에도 불구하고 "불안하니?"라는 질문에 그는 "아니요"라고 답했고, "휴식이 필요하니?"라는 질문에도 "아니요"라고 답했다.

누가 보기에도 아이가 명백히 불안했으므로, 재판부는 잠시 후 휴식을 결정했고 그 사이에 아이를 진정시키는 데 도움이 되길 바라는 마음으로 음료와 간식을 준비했다. 하지만 아이는 음료를 받아든 채 미동도 하지 못했다. 안쓰러운 마음에 누군가 음료의 병뚜껑을 따 주었지만 극도로 긴장한 아이는 단 한 모금도 마시지 못했다. 잠시 후 이어진 증인 신문 과정에서 "피고인(아빠)을 벌주고 싶니?"라는 물음에 아이는 "아니요"라고 답했다.

이러한 양상은 아이뿐만 아니라 발달 장애를 가진 성인에게서도 자주 관찰된다. 따라서 보호자와 형사사법 관계자들은 그들에게 자신의 심리 상태를 정확하게 파악해서 말해주기를 기대하기보다 그들의 상태를 긴밀히 살펴 필요한 지지와 돌봄을 알아서 제공해야 한다. 아동학대 영역에서 일하는 실무자들이 '전문가가 되기 위해 노력하는 사람'이 아니라 '이미 준비된 전문가'여야 하는 것은 이 때문이다. 아는 만큼 보이기 마련이니까.

돌봄과 아동 성폭력의 간극

오래전 한 아버지가 어린 딸의 손을 잡고 찾아온 적이 있다. 면담실에서 만난 그는 '아내가 병사한 후 홀로 키우던 딸이 이웃집 남성에게 유사강간을 당했음에도 불구하고 1심 재판에서 무죄가 선고되었다'면서 한숨지었다. 그에 따르면, 딸은 사건 후에도 전과 다름없이 집안일을 도와주며 수사와 재판 과정에서 힘들어하는 자신을 달래주는 착하고 성실한 딸이었다. 그는 딸의 이런 모습이 고맙고도 안쓰러웠다.

하지만 딸에 대한 동네 사람들의 평가는 가혹했다. 지역공동체가 아이의 성폭력 피해를 기정사실로 받아들이는 대신 피해자답지 않은 아이의 행동을 비난하며 낙인찍기를 시작했다. 사람들은 아이에게 '성폭행을 당하고도 저렇게 멀쩡하게 사는 이상한 아이'라는 오명을 씌우고 뒤에서 손가락질했다. 반대로 형사사법기관은 피해자답지 않은 행동을 이유로 아이의 진정성을 의심했고 무죄를 선고함으로써 아이를 거짓말쟁이로 낙인찍었다.

하지만 이처럼 많은 사람이 멀쩡하다고 확신했던 아이는 '집을 그려 달라'는 나의 요청에 한참이나 멍한 얼굴로 하얀 종이만 뚫어지게 바라보더니 굵은 눈물을 흘리기 시작했다. 어느 정도 진정이 된 뒤 아이는 집 마당에서 숨바꼭질하는 아버지와 이미 고인이 된 어머니, 그리고 자신의 모습을 그리고는 나를 향해 밝게 웃어 보였다.

이어진 심리학적 평가 결과, 아이가 심리적 생존을 위해 자해를 반복(이를 비자살적 자해라고 부른다)하는 등 트라우마 후유증이 매우 심각했지만 아버지가 힘들어할 것을 염려해 거짓으로 밝고 명랑한 척하며 지냈음이 드러났다. 아이는 집중이 되지 않아 수업 시간에 무엇을 배웠는지 기억조차 못하면서도 지각하거나 결석하는 일 없이 학교에 나갔으며, 사건 기억이 침투적으로 떠오르는 것을 막기 위해 집안일에 더욱 몰두했다. 그리고 사람들의 비난이 두려워 스스로를 집에 고립시킨 채로 생활해 왔음을 털어놓았다.

다행히 항소심 과정에서 사건 직후 피고인과 피해자가 웃으며 함께 걷는 장면을 목격했다는 친구들의 증언이 피고인의 압박에 의한 허위였음이 드러났고, 유죄가 확정되었다. 선고 직후 아버지는 내게 전화를 걸어 씁쓸한 목소리로 이렇게 말했다. "이제 와 생각하니 국가에 내 딸이 거짓말쟁이가 아닌 진짜 성폭력 피해자라는 것을 인정받기 위해 몇 년을 죽기 살기로 싸운 꼴이네요." 그 후로 십수 년이 흘렀지만, 아동 성폭력 사건에서 이와 유사한 상황들은 여전히 드물지 않게 벌어진다.

이처럼 성폭력 사건의 형사사법 절차에서, 어른뿐만 아니라 아이에게도 종종 피해자다움이 요구되곤 한다. 하지만 성폭력 피해 아이들이 보이는 양상은 연령과 성격 특성뿐만 아니라 범인과 아이의 관계, 아이와 보호자의 관계, 사건 이외의 스트레스 존부 등에 따라 천차만별이어서 '전형성'을 논하는 것이 무의미하다. 어떤 아이는 범죄 피해의 후유증이 경미하거나 빠른 회복을 보이지만 다른 아이는 심각한 후유증을 오랫동안 드러낼 수 있고, 또 다른 아이는 심각한 후유증에도 불구하고 짐짓 잘 지내는 척해서 후유증이 없는 것처럼 오인되기도 한다.

그뿐만 아니라 어떤 아이는 사건 직후 바로 보호자에게 도움을 청하지만, 다른 아이는 혼자만의 비밀로 간직하기로 결심하고 오랫동안(심지어 평생) 폭로하지 않으며, 또 다른 아이는 피해를 폭로했다가 다시 취소하기도 한다. 그리고 어떤 아이는 피해로 인해 공포 상태에 놓여 일상생활 기능이 현저히 저하되지만, 다른 아이는 두려움에도 불구하고 재피해를 막기 위해 범인을 피해 도망 다니는 등 적극적으로 대응하기도 하며, 또 다른 아니는 범인이 놀이나 돌봄을 가장해서 성폭행하더라도 공포 반응을 드러내기는커녕 범인이 제공하는 뇌물과 같은 먹을 것이나 용돈에 현혹되어 자신을 재피해 상황에 내몰기도 한다. 심지어 자신이 범인에 의해 성적 도구화되었음을 알아차리지 못한 채 범인에 대한 무한한 신뢰와 애정을 드러내는 아이도 있다.

아이가 성폭력 피해자가 될 때 중요한 문제로 부각되는 또 다른 쟁점은 성적 의사 결정 능력 존부다. 현행법상 만 13세 미만의 아이는 성적 의사 결정 능력이 없으며(성폭력 범죄의 처벌 등에 관한 특례법 제7조), 만 13세 이상부터 만 16세 미만의 아이는 그 대상이 성인(만 19세 이상)인 경우 성적 의사 결정 능력을 발휘할 수 없다고 보기 때문에 합의하에 이루어진 성 접촉이라도 상대가 의제 강간죄로 처벌받는다(형법 제305조).

놀랍게도 일각에서 '만 16세 미만의 아이가 성적 자기 결정 능력이 있음에도 법이 이를 제한함으로써 아동의 인권을 침해했다'는 주장이 제기되기도 했으나, 아주 특별한 경우를 제외하고 만 16세 미만의 아이가 성인과의 관계에서 성적 의사 결정 능력을 온전히 발휘하리라 기대하기에는 상당한 무리가 있는 것이 사실이다. 물론 그들도 누군가의 성적 제안에 동의 혹은 부동의 의사 표시를 할 수는 있다. 하지만 그것이 자신이 언제, 어디에서, 무엇을, 어떻게, 왜 해야 하며 그 결과가 무엇이고 그로 인해 초래될 불이익을 최소화하는 방법을 알고 내린 결정인 경우는 극히 드물다.

사회과학자인 나는 연구를 위해 참여자들에게 동의를 구하는 것에 익숙하다. 여기서 말하는 동의(consent)는 단순히 "연구에 참여하시겠습니까?"라고 묻는 것을 의미하지 않는다. 동의서에는 연구에 대한 개요와 더불어 연구에 참여함으로써 얻는 이익과 불이익에 대한 설명이 포함되어야 하며, 참여 결정 후에도 언제든 그 의사를 철회할 권한이 있다는 것도 알려주어야 한다. 당연히 참여 의사 철회가 표명되면 연구자는 그 사람의 모든 자료를 삭제해야 한다. 이런 권리를 고지 받은 뒤 이루어지는 동의를 우리는 인지된 동의(informed consent)라고 부른다. 연구자는 반드시 참여자에게 동의가 아닌 인지된 동의를 얻어야 한다.

하물며 인간과 인간 간에 이루어지는 가장 신뢰 있고 친밀하며 애정 어린 활동인 성적 접촉 상황에서 상대에게 구해야 할 동의는 응당 '인지된 동의'여야 마땅하지 않을까? 그렇다면 성적 장면에서의 인지된 동의를 위해 당사자들에게 어떤 지식과 능력이 필요할까?

우선 성적 행위와 관련된 실질적인 지식이 필요할 것이다. 여기에는 성적 접촉, 임신, 성병, 피임 등에 대한 정확한 지식뿐만 아니라 성 접촉을 통해 자신이 얻을 것과 잃을 것에 대한 합리적 판단력이 포함된다. 자신이 성적 접촉 여부를 결정할 권한이 있으며 상대가 자신의 결정을 존중해야 할 의무가 있다는 것, 그리고 성적 접촉에 동의했더라도 어느 순간 마음이 바뀌면 언제든 거절할 수 있다는 것에 대한 명확한 이해도 필요하다.

하지만 세상은 여전히 충분한 지식이나 정보 없이도 아이가 알아서 위험한 상황을 잘 파악한 후 최선을 다해 자신을 보호하기를 기대한다. 심지어 아이의 부모조차 어리숙한 행동으로 인해 성폭행을 면하지 못했다고 생각해 피해 자녀를 비난하며 드물게는 마치 더럽혀진 사람처럼 취급하기도 한다. 그러면서도 그것을 교묘하게 자식 사랑으로 포장하는데, 그 양상이 범인이 성적 착취를 위해 아이를 기만하는 것과 크게 다르지 않을 때도 있다.

안타깝게도 최근 헌법재판소가 '아동 성폭력 피해자의 진술 조사 영상 녹화물을 재판 증거로 쓸 수 있도록 한 법 조항'이 헌법에 저촉된다는 판결을 내렸다. 이 조항은 2차 가해 방지를 위한 것으로 경찰 진술 조사 장면을 녹화하고, 그것을 법정에서 증거 능력으로 인정함으로써 아이의 법정 증인 신문을 대신하도록 하는 제도다. 8년 전 나는 영국과 뉴질랜드에서 온 변호사들을 만난 자리에서 제법 우쭐대면서 이 제도를 설명했고, 그들은 놀랍다면서 부러워했었다.

하지만 이제 이 제도는 피고인의 반대신문 권한을 침해할 소지가 있다는 이유로 폐기되기에 이르렀다. 위헌 소지가 있다면 폐기됨이 마땅하겠으나, 이 제도의 순기능이 결코 적지 않았던 만큼 2차 피해를 최소화할 새로운 대안이 조속히 마련될 필요가 있다. 그 이유는 지금까지 살펴본 성폭력 피해 아이의 독특성으로 충분히 설명이 되었으리라.

학교라는 이름의 감옥

학교폭력 미투. 최근 들어 연예인의 학교폭력 가해 이력에 대한 피해자의 폭로가 언론을 통해 자주 보도되고 있다. 그럴 때마다 대중은 다양한 의문을 제기한다. 그토록 고통스러웠다면서 왜 오랜 세월 함구하다가 상대가 유명해지고 난 뒤에야 과거사를 폭로할까? 음해일까, 질투일까, 아니면 피해망상일까?

유명 스포츠 선수가 과거 학교폭력 가해자였다는 누군가의 주장이 연일 보도되고 있을 즈음, 나는 수업 시간에 이에 대한 토론을 진행한 적이 있었다. 그런데 놀랍게도 뒤늦은 폭로의 이유를 묻는 질문에 거의 모든 학생이 목청을 높여 "TV에 나오니까요!"라고 답했다. 그들의 주장은 이러했다. '가해자가 세상 어딘가에서 무엇을 하며 어떻게 살아가든 신경 쓰지 않으면 그만일 수 있다. 하지만 매체를 통해 상시적으로 그와 마주쳐야 한다면 상황이 달라진다. TV를 통해 그가 나의 일상 속으로 들어온이상 더는 그가 나와 다른 세상에 있는, 그래서 신경 쓸 필요가없는 존재로 남지 않기 때문이다.'

학령기에 접어들면서 아이들은 집이 아닌 학교, 부모가 아닌또래 친구와 점점 더 많은 시간을 보낸다. 아이는 부모-자녀 관계에서 학습한 것들을 또래 관계를 통해 확장함으로써 사회적존재로 거듭난다. 부모와의 관계를 통해 형성된 도덕관념이 또래 관계를 통해 수정되고 보완되는 과정에서 아이는 좀 더 융통성 있는 사람이 되며, 또래와의 긍정적 상호작용을 통해 세상에대한 안전한 표상을 형성한다. 또한 크고 작은 갈등이 원만히 해결되는 경험을 통해 화해하고 타협하는 기술을 익힌다. 그리고세상이 항상 공평하고 정의로운 것이 아님을 알게 되면서 때로깊이 절망하고 분노하지만 그런 중에서도 나보다 운이 더 나쁜친구에게 흔쾌히 양보할 줄 아는 너그러움을 배우기도 한다. 그러한 이유로 이 시기 아이에게 친구는 가장 중요한 존재가 된다.

하지만 폭력으로 인해 학교를 안전한 공간으로 지각할 수 없게 되면 상황은 달라진다. 아동학대와 비슷하게, 어떤 아이는 조건형성을 통해 공포를 학습함으로써 관련 자극에 대한 회피와

초조, 과민함 등을 보이지만 또 다른 학생은 재피해를 막기 위해 굴종하거나 가해자가 원하는 대로 행동하는 방식으로 대응하며 그 과정에서 또 다른 아이를 대상으로 학교폭력을 행하기도 한다. 물론 어른에게 도움을 청하는 아이도 있지만, 도움을 청하는 대신 이를 악물고 혼자 참거나 자해를 통해 스트레스를 해소하는 아이도 있다. 자살을 떠올리는 아이도 적지 않은데, 그중 일부는 그것을 실행에 옮기고, 일부는 자살에 성공한다. 어느 아이는 굳이 "친구들 때문은 아니에요"라는 글을 남긴 채 자살에 성공했는데, 이후 조사 과정에서 그가 학교에서 다수의 친구에게 지속적으로 정서적, 신체적 폭력을 당해왔음이 밝혀졌다.

"아이들은 왜 학교폭력 피해 사실을 어른들에게 알리지 않을까?" 이 말은 잘못되었다. 많은 아이가 어른들에게 피해에 대해 알리고 도움을 청하기 때문이다. 문제는 어른들이 아이가 보내는 시그널을 잘 이해하지 못한다는 것이다. 물론 일부 아이들이 복통과 두통을 포함한 신체 증상, 등교 거부, 무단결석, 늦은 귀가, 가족과의 소통 거부 등과 같은 소극적 방식으로 표현하기 때문에 밀착 관찰하지 않는 경우 어른들이 무언가 잘못되고 있음을 알아차리지 못할 수 있기는 하다.

하지만 분명하게 누군가의 괴롭힘을 언급함에도 불구하고 부모와 학교 관계자를 포함한 어른들이 별것 아닌 일로 치부하고 넘기는 경우도 적지 않다. 심지어 학교 폭력으로 인한 어려움을 호소하는 아이를 도리어 과민하고 너그럽지 못하며 사교성이 부족한 사람으로 평가하며 넌지시 불이익을 주거나 비난하기도 한다. "애들은 원래 싸우면서 크는 거야"라면서.

맞다. 아이들은 원래 싸우면서 큰다. 이 세상에서 한 번도 친구와 싸운 적이 없는 어른은 아마 없을 것이다. 그중 누군가는 싸우는 중에 몸에 크고 작은 상처가 생겼을 수도 있다. 하지만 '싸우는 것'과 일방적으로 괴롭힘을 당하는 것은 완전히 결이 다른 경험이다. 싸우는 것은 동등한 위치에서 일어나지만 괴롭힘은 심리적, 신체적 측면에서 우위에 있는 자가 약자에게 행하는 악의적 행위다. 이런 행위는 개인에게 공포와 불안뿐만 아니라 모욕감과 수치감, 무능력감을 유발하기 때문에 뇌에 잊히지 않는 트라우마적 사건으로 기록된다.

한편 학교폭력 피해 경험이 있는 아이들 중 다수가 '차라리 한 대 때리는 것이 더 낫다'고 말한다. 신체 폭행은 흔적이 남기 때문에 누군가의 도움을 청하거나 누군가 눈치채고 도움을 줄 가능성이 높다. 대부분 주범이 따로 있기 때문에 어느 정도 예측할 수 있다. 조금 운이 좋다면 노력에 따라 재피해를 면하는 것도 가능하다(물론 대부분의 경우 운이 좋지 못해 오랫동안 반복적으로 폭력에 시달린다).

하지만 은근한 괴롭힘은 그런 운조차 기대하기 어려운 경우가 많다. 주범이 있기는 하나 집단 구성원 대부분이 공범 내지 방조자인 경우가 많으며, 종종 괴롭힘 공간이 오프라인에서 온라인으로 확장되기 때문에 24시간 괴롭힘에 노출되고 괴롭힘의 흔적이 사이버 공간으로 퍼져나가 또 다른 피해를 유발하기도 한다.

가만히 있는 아이에게 특정 학생이 다가가 의도적으로 어깨를 부딪친 뒤 큰 목소리로 그 아이가 자신을 때렸다고 주장하면 나머지 학생들이 몰려가 집단적으로 그 아이를 비난하는 것과 유사한 행위, 즉 소위 '다구리'를 치는 경우도 많다. 순식간에 억울하게 가해자로 몰린 아이는 아무리 항변해도 소용이 없다. 집단 구성원 전체가 '목격자'를 자처하기 때문이다. 이런 상황에서 시비를 가리는 것은 노련하고 경험 많은 교사에게도 결코 쉬운 일이 아니다. 이런 종류의 학교폭력을 경험한 아이들은 이를 '벗어날 수 없는 끔찍한 덫에 걸린 상태'로 묘사하곤 한다.

어른들이 학교폭력 보고를 소홀히 다루는 또 다른 이유가 피해 학생이 (적어도 겉으로는) 너무 멀쩡해 보여서일 때도 있다. 친구가 목을 졸라 기절한 적이 있던 어느 아이는 사건 이후로도 그 친구와 어울려 놀았다. 평소에도 가해 학생이 수틀릴 때마다 폭행을 일삼았기 때문에 그의 손이 위로 올라갈 때마다 피해 학생의 몸이 본능적으로 움츠러들었지만, 매 맞을 때를 제외하면 그가 재미있는 활동을 용케도 잘 찾아냈기 때문에 어울려 놀았다. 그래서일까? 이 집단 내에서 살인미수로도 볼 수 있었던 목 조름 사건은 그저 장난으로 간주되었다. 피해 학생이 사건 후에도 가해 학생과 어울려 놀았던 것이 '목 조른 행동이 그저 장난의 일부였다'는 가해 학생의 주장에 힘을 실어주었기 때문이다.

인간에게는 '통제감'이 매우 중요하다. 학교폭력은 여러 측면에서 피해자에게 통제감 상실을 초래한다. 통제감을 잃는다는 것은 그 무엇으로도 자신을 보호할 수 없다는 공포와 극단적인 무력감을 유발하며, 최악의 경우 삶을 포기하도록 만들 가능성이 있다. 그렇다면 우리가 무엇을 어떻게 해야 할까? 평소 아이들이 자신의 생각과 감정을 자유롭게 표현하는 분위기를 조성하고 이상 징후를 조기 탐지하도록 꾸준히 관심을 기울이는 것, 그것밖에 달리 방도가 없음을 이제는 인정해야 할 것 같다.

따라가지 않을 거라는 착각

십수 년 전 어느 방송사로부터 아동 유괴 방지를 목적으로 한 프로그램 촬영을 도와달라는 요청을 받은 적이 있었다. 아동 대상 범죄 중 다수가 약취·유인과 관련되어 있음을 알고 있었던 나는 그들의 요청을 거절할 적당한 명분을 찾지 못해 촬영에 협조하기로 했다. 나의 역할은 '어린아이를 효과적으로 유인하는 전략'을 모색하는 것이었다.

사실 그 정도 일은 전략이라고 할 것도 없었다. 아이들은 누군가가 자신의 이름을 부르며 다가오면 아는 사람이라고 생각해서, 환하게 미소 지으며 친절한 목소리로 말을 걸면 착한 사람이라고 생각해서, 길을 잘 몰라 헤매고 있으니 좀 도와달라고 청하면 착해야 해서 흔쾌히 따라나서기 때문이다.

나는 이러한 아이의 특성을 고려해 유인 전략을 제안했다. (가짜) 유괴범을 따라나서지 않은 아이가 단 10%도 되지 않았음을 감안할 때 그 전략은 꽤 효과가 있었다(당연히 촬영 전에 부모의 동의를 받았다). 아이들이 유괴에 얼마나 취약한지를 알리는 것이 프로그램의 목적이었음을 생각할 때 실험은 대성공이었으나, 이 프로그램이 방영된 후 나는 일부 시청자들에게 날 선 비난을 받아야 했다. 아동심리 전문가가 방송에 나와서 아동 유괴 비법을 전수했다는 이유였다.

하지만 그들은 틀렸다. 유괴범이 이런 수준의 간단한 전략을 몰라서 방송을 통해 내게 한 수 배웠으리라고 생각하는 것은 순진해도 너무 순진한 발상이다. 아이의 이러한 특성을 모른 채 가방이나 의류에 아이의 이름을 커다랗게 쓰고, 막연하게 '나쁜 사람'을 따라가지 말라고 교육하며, 어려움에 처한 사람을 지나치지 말라고 가르치면서도 그것이 아이를 얼마나 큰 위험에 빠뜨릴 수 있는지 깨닫지 못했던 그들이 틀린 것이다.

많은 경우 약취·유인은 범죄의 수단이며 더 끔찍한 범죄의 전

조이기도 하다. 2020년 한 해 발생한 미성년자 약취·유인 범죄가 158건에 불과하기는 하나, 성폭력이나 금품 갈취 등을 위해 아이를 약취·유인하는 경우 그 죄가 다른 범죄에 경합(競合)된다는 점을 감안하면 실제 발생 건수는 이보다 훨씬 많을 것으로 추산된다.

주목할 만한 것은 약취·유인 후 범죄 피해를 당한 아이 중 대부분이 범죄의 원인을 자신에게 귀인한다는 점이다. 평소 낯선 사람이나 나쁜 사람을 따라가지 말라는 교육을 많이 받았을수록 아이의 죄책감은 더 진해진다. 사전 교육에도 불구하고 아는 사람인 척 상냥하게 접근한 낯선 사람 혹은 착한 척하며 다가온 나쁜 사람을 자신이 무능력해서 알아채지 못했다고 생각하기 때문이다.

아이들에게는 한눈에 상대의 선악 또는 동기를 분별해 낼 능력이 없다. 사실 그것은 성인에게도 결코 쉽지 않은 일이다. 그럼에도 불구하고 우리는 안전한 환경을 만드는 것에 집중하기보다 아이들에게 조심하라고 이르는 것에 몰두한다. 그것이 훨씬 더 쉽고 간단하기 때문이다. 하지만 그 부작용은 실로 막대해서 아이를 약취·유인으로부터 보호하지 못하게 만들거나, 아이가 타인을 과도하게 경계하고 배척하게 만듦으로써 상호 호혜적 대인 관계의 형성을 심각하게 방해한다.

몇 년 전 방송국의 요청으로 '학대를 면하기 위해 가출한 아이가 잘 곳을 찾아 헤매던 중 치킨과 잠자리를 제공하겠다는 성인에게 유인되어 성 착취를 당한 사건'의 자문을 맡았던 적이 있다. 놀랍게도 당시 아이는 성폭력 피해자가 아니라 성 매도자로 입건되어 조사받고 있었다. 강간범으로 처벌받는 것보다 성 매수자로 처벌받는 것이 더 낫다고 판단한 남성이 치킨과 잠자리로 아이에게 성을 샀노라고 주장했기 때문이었다.

물론 아이가 남성을 따라 모텔에 들어가면 성폭행당할 수 있음을 예상했을 가능성도 있다. 하지만 설사 그렇다 한들 학대를 면하기 위해 한겨울에 아무 준비도 없이 집을 나선 아이가 친절하게 접근해 먹거리와 잠자리 제공을 흔쾌히 제안한 남성을 믿어보는 것 말고 달리할 수 있는 것이 있었을까? 그렇다면 아이의 절박한 상황을 뻔히 알면서 이를 이용해 성을 착취하기 위해 유인한 남성이 잘못한 것일까, 아니면 그를 따라나선 아이가 잘못한 것일까? 그 답은 굳이 말하지 않아도 우리 모두가 알 것 같다.

나가며

같은 범죄 사건이라도 그것이 끼치는 충격은 성인보다 아이에게서 더 심각하고 복잡하다. 더욱이 아이를 대상으로 한 사건은 일찌감치 시작되어 오래 반복되는 경향이 있으며 부모나 학급 친구(혹은 선후배)처럼 가해자가 친밀한 사람(혹은 친밀하게 지낼 것을 요구받는 대상)일 가능성이 월등히 높다. 최악은 아이가 발달적 취약성으로 인해 가해자에게 순응하고 복종함으로써 스스로를 재학대에 노출할 수밖에 없을 때가 많다는 점이다.

그 결과는 끔찍해서 경우에 따라서는 아이의 뇌가 손상되어 타인에게 공감하지 못하는 상태, 그리하여 사이코패스와 유사한 양상을 보일 수도 있다. 살인을 저지른 아버지에게 어려서부터 살해 위협을 받아왔다면서 공개적으로 엄벌을 촉구하던 자녀가 불과 2년 후 어린 조카를 학대살해를 했다는 소식은 범죄가 아이에게 미치는 영향과 그 영향의 대물림이 얼마나 심각한지를 잘 보여준다.

다행인 것은 따뜻한 환경을 제공해 주면 트라우마로 고통 받던 아이가 적어도 어른보다는 빠르게 회복한다는 점이다. 아이가 빠르게 회복하는 힘의 원천은 놀이다. 아이는 저절로 성장하도록 프로그래밍 된 존재로, 이만하면 좋은 수준의 돌봄을 제공해주면 저절로 클 수 있다.

어른인 우리의 역할은 아이가 할 일을 대신해 주거나 닥쳐오지도 않은 미래의 위험성을 예견하고 미리 겁주고 걱정하는 것이 아니라 안전한 환경을 구축하는 것, 그리하여 아이가 마음 놓고 자신의 방식으로 성장하도록 촉진하는 것이다. 그럼에도 불구하고 보호에 실패해 아이가 범죄의 피해자가 되거든 아이를 망가진 존재 취급하는 것이 아니라 아이의 내면에 굳건히 자리하고 있는 지혜로운 치유의 힘을 믿고 그것이 효율적으로 발현될 환경을 만들어주는 것이 중요하다.

주

Chapter 1 범죄의 그늘에 가려 잊힌 사람들의 이야기

1 매년 법무연수원에서 발간하는 범죄백서에서는 강력범죄를 살인, 강도, 성폭력, 방화를 포함하는 흉악범죄와 폭력 범죄로 구분하는데, 이 중 흉악범죄와 폭행치상 사건에 초점을 맞추어 서술하였음을 밝힌다.

2 Redmond, L. M. (1989). *Surviving: When someone you love was murdered: A professional's guide to group grief therapy for families and friends of murder victims.* Clearwater, FL: Psychological Consultation and Education Services.

3 Amick-McMullan, A., Kilpatrick, D., & Resnick, H. (1991). Homicide as a risk factor for PTSD among surviving family members. *Behavior Modification,* 15, pp. 454~549.

4 Bowlby, J. (1961). Processes of mourning. *International Journal of Psychoanalysis, 42,* pp. 317~339.

5 Redmond, L. M. (1989). *Surviving: When someone you love was murdered: A professional's guide to group grief therapy for families and friends of murder victims.* Clearwater, FL: Psychological Consultation and Education Services.

6 Parkes, C. M. (1993). Psychiatric problems following bereavement by murder or manslaughter. *British Journal of Psychiatry, 162,* pp. 49~54.

7 Boss, P. G. (2002). Ambiguous loss: Working with families of the missing. *Family Process, 41,* pp. 14~17.

8 Miller, L. (2015). 범죄 피해자 상담(김태경 역). 서울: 학지사.

9 Miller, L. (2015). 범죄 피해자 상담(김태경 역). 서울: 학지사.; National

Clearinghouse on Family Violence (2001). Guidebook on vicarious trauma: Recommended solutions for anti-violence workers. http://www. mollydragiewicz.com/VTguidebook.pdf에서 2020. 6. 27. 인출.

10 오영근 (2015). 결합범의 인정범위와 법정형 설정방안. 법학논집, 32(3), pp. 77~98.

11 Zinzow, H. M., Rheingold, A. A., Byczkiewicz, M., Saunders, B. E., & Kilpatrick, D. G. (2011). Examining posttraumatic stress symptoms in a national sample of homicide survivors: Prevalence and comparison to other violence victims. *Journal of Traumatic Stress, 24(6),* pp. 743~746.

12 항소는 판결에 불복하여 상소하는 것을 말한다. 형사사건의 경우 피해자의 대리인인 검사가 이를 결정하며, 피해자가 항소를 원하는 경우 공판검사에게 의사를 표시할 수 있다.

13 정로사, 김태경 (2017). 아동기 성폭력 피해의 비폭로 요인: 폭로하지 않은 채 성인이 된 여성들을 중심으로. 피해자학연구, 24(4), pp. 121~151.

14 《어린 왕자》에서는 grooming이 아닌 taming이라는 단어를 사용하고 있는데, 그 의미를 감안할 때 둘 다 '길들이기'로 번안할 수 있다.

15 Wolf, S. (1985). A Multi-Factor Model of Deviant Sexuality. *Victimology: An International Journal, 10,* pp. 359~374.

16 McAlinden, A. (2006). Setting 'em up': Personal, Familial and Institutional Grooming in the Sexual Abuse of Children. *Social & Legal Studies 15(3),* pp. 339~362.

17 Craven, S. (2011). *Deconstructing perspectives of sexual grooming: implications for theory and practice.* Unpublished Thesis. Coventry: Coventry University.

18 Bourke, P., Ward, T., & Rose, C. (2012). Expertise and sexual offending: a preliminary empirical model. *Journal of interpersonal violence, 27(12),* pp. 2391~2414.

19 Leclerc, B., Proulx, J., & Beauregard, E. (2009). Examining the modus operandi of sexual offenders against children and its practical implications. *Aggression and Violent Behavior, 14(1),* pp. 5~12.

20 Pollack, D., & MacIver, A. (2015). Understanding sexual grooming in child abuse cases. *ABA Child Law Practice, 34(11),* pp. 165~168.

21 Bennett, S. E., Hughes, H. M., & Luke, D. A. (2000). Heteogeneity in patterns of child sexual abuse, family functioning, and long-term adjustment. *Journal of Interpersonal Violence, 15(2),* pp. 134~157.

22 Whittle, H., Hamilton-Giachritsis, C., Beech, A., & Collings, G. (2013). A review of online grooming: characteristics and concerns. *Aggression and Violent Behavior, 18,* pp. 62~70.

23 Courtois, C. A. (1997). Treating the Sexual Concerns of Adult Incest Survivors and Their Partners. *Journal of Aggression, Maltreatment & Trauma, 1,* pp. 287~304.

24 Otto-Rosario, J. (2011). Consequences and treatment of child sexual abuse. *ESSAI, 9(31),* pp. 104~108.

25 Henry, N., Powell, A. and Flynn, A. (2017). Not just revenge pornography: Australians'experiences of image-based abuse. A summary report. RMIT University.; Mori, C., Cooke, J. E., Temple, J. R., Ly, A., Lu, Y., Anderson, N., … & Madigan, S. (2020). The prevalence of sexting behaviors among emerging adults: A meta-analysis. *Archives of Sexual Behavior, 49,* pp. 1103~1119.

26 Huber, A. R. (2020). *Women, image based sexual abuse and the pursuit of justice.* A thesis submitted in partial fulfilment of the requirements of Liverpool John Moores University for the degree of Ph.D.; Mandau, M. B. H. (2020). "Snaps","screenshots", and self-blame: A qualitative study of image-based sexual abuse victimization among adolescent Danish girls. Journal of Children and Media, pp. 1~17.

27 Faith, N. (1999). Blaze: The Forensics of Fire. New York: St. Martin's.; 김경옥 (2008). 방화범죄자에 대한 criminal profiling 적용 가능성 고찰. 한국화재조사학회 논문지, 11(1), pp. 23~30.

28 법무연수원 (2020). 2019 범죄백서. https://www.ioj.go.kr/homepage/information/DataAction.do?method=list&pblMatlDivCd=01&top=4&sub=1

Chapter 2 타인의 아픔에 공감한다는 착각

1   Miller, L. (2015). 범죄 피해자 상담(김태경 역). 서울: 학지사.

2   Miller, L. (2015). 범죄 피해자 상담(김태경 역). 서울: 학지사.

3   홍성수 (2019). 법의 이유, p. 19. 아르테.

4   윤수정, 김태석, 채정호 (2005). 스트레스의 두뇌 과학적 이해. 가정의학회지, 26, pp. 439~450.

5   정찬영, 김현정, 김태경, 박상희 (2020). 성폭력 피해 주장 여성에 대한 인식: 주체성과 판단자 성별의 효과. 한국심리학회지 : 문화 및 사회문제, 26(3), pp. 167~194.

6   김선희 (2019). 성범죄재판에서 '피해자다움'이란 있는가?: 좁은 의미의 피해자다움의 논리에 대한 비판적 논의. 여성학논집, 36(1), pp. 3~25.

7   최성호 (2019). 피해자다움이란 무엇인가: 성범죄 재판에 대한 철학자의 성찰. 서울: 필로소픽.

8   김선희 (2019). 성범죄재판에서 '피해자다움'이란 있는가?: 좁은 의미의 피해자다움의 논리에 대한 비판적 논의. 여성학논집, 36(1), pp. 3~25.

9   노성호, 권창국, 김연수, 박종승 (2018). 피해자학(제2판). 서울: 그린.

10 Kessler, R. C., Sonnega, A., Bromet, E., Hughes, M., & Nelson, C. B. (1995). Posttraumatic stress disorder in the National Comobidity Survey. *Archives of General Psychiatry, 52(12)*, pp. 1048~1060.

11 Courtiois, T. A. (2004). Complex trauma, complex reaction: Assessment and treatment. *Psychotherapy: Theory, Research, Practice, Training, 41(4)*, pp. 412~425.

12 Neimeyer, R. A. (2006). Complicated grief and the reconstruction of meaning: Conceptual and empirical contributions to a cognitive-constructivist model. *Clinical Psychology: Science and Practice, 13(2)*, pp. 141~145.

13 Bloom, P. (2016). Against empathy : The Case for Rational Compassion.

14 김광일 (2003). 가정폭력: 정신의학의 측면. *Journal of Korean Neuropsychiatric Association, 42(1)*, pp. 5~13.

15 Ellis, A., & MacLaren, C. (2007). 합리적 정서행동치료(서수균, 김윤희 역). 서울: 학지사.

16 Brewin, C. R., Daglesish, T., & Joseph, S. (1996). A Dual Representation Theory of Posttraumatic Stress Disorder. *Psychological Review, 17*, pp. 670~686.

17 유정 (2015). 심리적 트라우마의 정보처리: 뇌생리학적 근거와 트라우마 내러티브. 인간·환경·미래, 14, pp. 29~65.

18 Baumeister, R. F., & Vohs, K. D. (2007). *Encyclopedia of social psychology*. Thousand Oaks: Sage Publication.

19 Theodore, M., Simonsen, E., Davis, R. D., & Birket-Smith, M. (2002). *Psychopathy: antisocial, criminal, and violent behavior*. New York: Guilford Press.

20 공탁이란 공탁자(예: 범죄자)가 금전, 유가증권, 그 밖의 물품을 법원의 공탁소에 맡기고 피공탁자(예: 피해자)가 지급 청구를 통해 공탁물을 받게 하여 공탁근거법령에서 정한 목적을 달성하게 하는 제도를 말한다. 피공탁자인 피해자가 공탁금 지급을 청구하지 않는 경우 공탁자가 회수할 수 있으며, 소멸 시효가 도래했음에도 청구와 회수가 이뤄지지 않는 경우 국고에 귀속된다.

21 Festinger, L. (2016). 인지부조화 이론(김창대 역). 파주: 나남.

22 Pipe, M-E., Lamb, M. E., Orbach, Y., & Cederborg, A. C. (2007). *Child Sexual Abuse: Disclosure, Delay, and Denial*. New York London Psychology Press.

23 London, K., Bruck, M., Ceci, S. J., & Shuman, D. W. (2005). Disclosure of childsexual abuse: What does the research tell us about the ways thatchildren tell? *Psychology, Public, Policy, and Law, 11*, pp. 194~226.

24 Summit, R. C. (1983). Abuse of the Child Sexual Abuse Accommodation Syndrome. *Journal of Child Sexual Abuse, 1(4)*, pp. 153~164.

25 Featherstone, B., & Evans, H. (2004). Children experiencing maltreatment: who do they turn to?London, NSPCC.

26 정로사, 김태경 (2017). 아동기 성폭력 피해의 비폭로 요인: 폭로하지 않은 채 성인이 된 여성들을 중심으로. 피해자학연구, 24(4), pp. 121~151.

27 영화에서 '과거 회상 장면'을 지칭하는 용어이며, 심리학에서는 현실에서 과거의

트라우마적 사건과 관련된 단서에 노출된 뒤 현실과 완전히 격리된 채 해당 기억 속으로 빠져들어 가 마치 사건이 지금 일어나고 있는 것과 같은 경험을 하게 되는 현상을 말한다. 플래시백은 PTSD 증상 중 하나다.

28 Kolk, B. (2020). 몸은 기억한다: 트라우마가 남긴 흔적들(제효영 역)(원저는 2014에 출판), 을유문화사, p. 136.

Chapter 3 작은 배려와 존중의 큰 힘

1 윤현석 (2012). 형사절차에서 피해자의 정보제공에 관한 연구. 비교형사법연구, 14(1), pp. 295~314.

2 장승일 (2010). 형사절차상 범죄피해자 권리보호에 관한 연구. 법학연구, 37, pp. 218~235.

3 타인의 범죄 행위로 인한 피해자 보호를 위한 개별 법률로는 '범죄피해자구조법', '형사소송법', '소송촉진등에관한특례법', '법률구조법' 등이 있으나, 범죄 피해자에 대한 국가 차원의 보호, 지원 체계를 구축하고 민간 활동을 촉진하는 종합적이고 기본적인 법률이 없는 실정이라는 점에 주목해 효과적인 대책을 마련하고자 2005년 12월 23일 범죄피해자보호법이 제정되었다.

4 김태경 (2017). 수사기관 및 초기대응 실무자를 위한 강력범죄피해자 심리지원 지침서. 법무부연구용역보고서.

5 김태경 (2017). 수사기관 및 초기대응 실무자를 위한 강력범죄피해자 심리지원 지침서. 법무부연구용역보고서.

6 항고란 검사의 결정이나 명령에 불복해서 상급 검찰기관에 상소하는 것을 의미한다.

7 재정신청이란 국가기관인 검사가 고소나 고발 사건을 불기소하는 경우 그 결정에 불복한 고소인 또는 고발인이 법원에 그 결정이 타당한지를 다시 묻는 것을 의미한다.

8 인지 사건의 경우 불기소처분의 취소를 구하는 헌법소원심판을 제기할 수 있다.

9 허미담, "'母 살해 소식'나중에 통보한 경찰에 유가족 분노… "뒷짐 진 경찰, 처벌

해달라"靑 청원도", 아시아경제, 2021. 02. 23.

10 김태경, 윤경희 (2017). 강력범죄피해자의 수사절차 경험에 대한 사례연구. 피
    해자학연구, 24(3), pp. 5~40.

11 '나의 사건 검색'에서 검색이 가능하다. 참고로 검색을 위해 사건번호와 피고인
    의 이름 세 글자 중 두 개 이상을 알아야만 한다.

12 법정 구조와 관계자의 호칭 및 역할, 관련 용어, 공판 과정, 증인 신문의 목적, 증
    언 당일 준비해야 할 것 등에 대한 설명과 정보 제공에 초점을 두되, 진술에 대한
    교육이나 코칭은 금하도록 구성된다. 영국을 포함한 일부 국가에서는 법정에 미
    리 방문해서 증인실을 살펴보고 신문 과정을 시뮬레이션해 보는 과정을 포함하
    기도 한다. 범죄 피해자 전문심리지원기관인 스마일센터에 방문하면 프로그램
    을 제공받을 수 있다.

13 형사소송법 제294조의2(피해자 등의 진술권)항에서 '법원은 범죄로 인한 피해
    자 또는 그 법정대리인의 신청이 있는 때에는 그 피해자 등을 증인으로 신문하
    여야 한다'고 규정하고 있다.

14 형사 절차와는 별개로 법정질서위반자, 의무 불이행자 등에 대해 법원이 재판장
    의 명령에 따라 사법경찰관리·교도관·법원 경위 또는 법원 사무관 등이 구속하
    게 하여 교도소와 구치소 또는 경찰서 유치장에 유치해 최대 30일 인신 구속하
    는 것을 말한다.

15 형사사건의 피해자나 제삼자가 증인으로 법정에 출석해 증언해야 하는 경우 증
    인지원관이 사전에 증인을 만나 증인지원실까지 동행한 후 증인지원실에서 형
    사재판 절차와 증인 신문의 취지 등에 대해 자세하게 설명해 주어 증인이 심리
    적으로 안정된 상태에서 증언하도록 도와주는 증인지원관제도가 있다. 특별증
    인지원은 성폭력(여성, 아동, 청소년, 장애인) 관련 범죄, 아동학대 범죄의 재판
    에서 증인으로 법원에 출석하는 피해자 등이 안전하고 편안한 마음으로 증언하
    도록 지원하기 위한 제도이며, 일반증인지원은 위 특별증인지원 대상 외 사건
    중에서 신변 보호(피고인과 접촉 차단 등)를 신청하는 증인에 대해 지원하는 제
    도이다.

16 Quas, J. A., Goodman, G. S., Ghetti, S. et al. (2005). Childhood sexual assault

victims: Long-term outcomes after testifying in criminal court. *Monographs of the Society for Research in Child Development, 70(2),* pp. 1~145.

17 김태경 (2020). 강력범죄피해자의 법정증언 경험에 대한 연구: 피해자와 실무자의 보고를 중심으로. 피해자학연구, 28(1), pp. 1~28.

18 Dijk, J. A., Schoutrop, M. J., & Spinhoven, P.(2003). Testimony therapy: treatment method for traumatized victims of organized violence. *American Journal of Psychotherapy, 57(3),* pp. 361-373.

19 Zehr, H. (2015). 회복적 정의 실현을 위한 사법의 이념과 실천(조균석, 김성돈, 한영선 외 역). 강원: KAP.

20 김혜경 (2020). 공동체적 관점으로서의 전환적 사법에 관한 연구. 피해자학연구, 28(2), pp. 45~78.; Zehr, H. (2015). 회복적 정의 실현을 위한 사법의 이념과 실천(조균석, 김성돈, 한영선 외 역). 강원: KAP.

Chapter 4 용서로 모든 것이 끝나지 않는다

1 Bremner, J. D. (2006). Traumatic stress and the brain. *Dialogues in Clinical Neuroscience, 8(4),* pp. 445~461.

2 American Psychiatric Association(2015). 정신질환의 진단 및 통계 편람, 제5판 (DSM-5)(권준수 외 역). 서울: 학지사.

3 Miller, L. (2015). 범죄 피해자 상담(김태경 역). 서울: 학지사.

4 Kolk, B. (2020). 몸은 기억한다: 트라우마가 남긴 흔적들(제효영 역)(원저는 2014에 출판), 136p. 서울: 을유문화사.

5 Teicher, M. H., Andersen, S. L., Polcari, A., Aderson, C. M., Navalta, C. P., & Kim, D. M. (2003). The neurobiological consequences of early stress and childhood maltreatment. *Neuroscience & Biobehavioral Review, 27(1),* pp. 33~44.

6 Wilson, K. R., Hansen, D. J., & Li, M. (2011). The traumatic stress response in child maltreatment and resultant neuropsychological effects. *Aggression and Violent Behavior, 16(2),* pp. 87~97. Child Welfare Information Gateway, 2015에서 재인용

7 이명진, 조주연, 최문경 (2007). 부모의 아동학대가 청소년비행에 미치는 영향. 사회연구, 14(2), pp. 9~42.; Courtiois, T. A. (2004). Complex trauma, complex reaction: Assessment and treatment. *Psychotherapy: Theory, Research, Practice, Training, 41(4),* pp. 412~425.

8 Yehuda, R., Halligan, S. L., & Bierera, L. M. (2002). Cortisol levels in adult offspring of Holocaust survivors: relation to PTSD symptom severity in the parent and child. *Psychoneuroendocrinology, 27,* pp. 171~180.

9 Charney, D. S., Deutch, A. Y., Krystal, J. H., Southwick, S. M., & Davis, M. (1993). Psychobiologic mechanisms of posttraumatic stress disorder. *Archives of General Psychiatry, 50(4),* pp. 294~305.

10 Prevention Institute. *Violence and chronic illness.* Urban Networks to Increase Thriving Youth. www.preventioninstitute.org/sites/default/files/publications/ Fact%20Sheet%20Links%20Between%20Violence%20and%20Mental%20 Health.pdf. 2021. 05. 09.에 인출.; Santaularia, J., Johnson, M., Hart, L., Haskett, L., Welsh, E., & Faseru, B. (2014). Relationships between sexual violence and chronic disease: a cross-sectional study. *BMC Public Health, 14,* pp. 2-7.; Springer, K.W., Sheridan, J., Kuo, D., & Carnes, M. (2007). Long-term physical and mental health consequences of childhood physical abuse: Results from a large population-based sample of men and women. *Child Abuse & Neglect, 31(5),* pp. 517- 530

11 황수영, "[대구지하철 참사 10주기] 〈중〉 후유증 시달리는 부상자들", 매일신문, 2013. 02. 15.

12 김태경, 윤성우, 이영은, 이새롬 (2018). 강력범죄피해자의 외상 후 스트레스 증상 및 예측 요인에 대한 탐색적 연구. 피해자학연구, 26(1), pp. 19~45.

13 Wester, K. L., & Trepal, H. C. (2020). 비자살적 자해: 행동, 증상, 그리고 진단에 관한 웰니스 관점, 진단 및 개입(함경애, 이현우 역). 서울: 학지사.

14 McCann, I. L., & Pearlman, L. A. (1990). Vicarious traumatization: A framework the psychological effects of working with victims. *Journal of Traumatic Stress, 3(1),* pp.

131~149.

15 Miller, L. (2015). 범죄 피해자 상담(김태경 역). 서울: 학지사.

16 Lerner, M. J., & Miller, D. T. (1978). Just world research and the attribution process: Looking back and ahead. *Psychological Bulletin, 85(5),* pp. 1030~1051.

17 김태경 (2015). 살인피해자 유가족의 경험과 한국형 심리지원 방안모색을 위한 제언. 피해자학연구, 23(2), pp. 33~65.

18 Figley, C. R. (1995). Compassion fatigue: Coping with secondary traumatic stress disorder in those who treat the traumatized. NY: Brunner/Routledge.

19 김태경, 윤성우, 이영은, 이새롬 (2018). 강력범죄피해자의 외상 후 스트레스 증상 및 예측 요인에 대한 탐색적 연구. 피해자학연구, 26(1), pp. 19~45.

20 Gooseen, L. (2020). Secondary trauma and compassion fatigue: A guide to support managers and practitioners. London: Community inform. https://www.communitycare.co.uk/2020/12/03/recognise-manage-secondary-trauma-pandemic

21 류경희, 김태경 (2017). 경찰관의 대리외상화에 대한 연구. 경찰학연구, 17(3), 59-86.; Hyman, O. (2004). Perceived social support and secondary traumatic stress symptoms in emergency responders. *Journal of Traumatic Stress, 17(2),* pp. 149~156.

22 Figley, C. R. (2002). Compassion fatigue: Psychotherapists'chronic lack of self care. *JCLP in Session: Psychotherapy in Practice, 58,* pp. 1433~1441.

23 Shah, S. A. (2010). Mental Health Emergencies and Post-Traumatic Stress Disorder. In G.B. Kapur & J.P. Smith (Eds). *Emergency Public Health: Preparedness and Response,* pp. 493~516. Boston: Jones and Bartlett Publishers.

24 McCann, I. L., & Pearlman, L. A. (1990). Vicarious traumatization: A framework the psychological effects of working with victims. *Journal of Traumatic Stress, 3(1),* pp. 131~149.

25 Kadambi, M. A., & Truscott, D. (2004). Vicarious trauma among counsellors working with sexual violence, cancer, and general practice. *Canadian Journal of*

Counselling, 38(4), pp. 260~276.

26 Janofif-Bulman, R. (1992). *Shattered assumption: Towards a new psychology of trauma.* New York: Free Press.

27 Bober,T., Regehr, C., & Zhou, Y. (2006). Development of the coping strategies in ventory for trauma counselors. *Journal of Loss and Trauma, 11(1),* pp. 71~83.

28 박경래, 김수동, 최성락, 이종한 (2011). 범죄 및 형사정책에 대한 법경제학적 접근(II): 범죄의 사회적비용 추계(총괄보고서). 서울: 한국형사정책연구원.

29 유상식, "범죄로 인한 사회적 비용 158조, 재범률 1% 감소 시 903억 절약", 정읍투데이, 2017. 07. 17.

30 이상진, "공공인력 증원이 사회안전망 확보한다", 대한민국 정책브리핑, 2017. 07. 18.

31 이재열 (2015). 사회의 질, 경쟁, 그리고 행복. 아시아리뷰, 4(2), pp. 3~29.

32 노성호, 권창국, 김연수, 박종승 (2018). 피해자학(제2판). 서울: 그린.

Chapter 5 그래도 살 만한 세상이라는 믿음

1 이강봉, "트라우마 치료 가능성 열린다: 쥐 실험 결과 과거 고통에 대한 기억 사라져", 사이언스타임즈, 2017. 03. 06.

2 Tedeschi, R. G., & Calhoun, L. G. (2004). Posttraumatic growth: Conceptual foundation and empirical evidence. *Psychological Inquiry, 15,* pp. 1~18.

3 Kaniasty, K., & Norris, F. H. (1992). Social support and victims of crime: matching event, support, and outcome. *American Journal of Community Psychology, 20(2),* pp. 211~241.; Sylaska, K. M., & Edwards, K. M. (2014). Disclosure of intimate partner violence to informal social support network members: A review of the literature. *Trauma Violence Abuse, 15(1),* pp. 3~21.; Yap, M. B., & Devilly, G. J. (2004). The role of perceived social support in crime victimization. *Clinical Psychology Review, 24(1),* pp. 1~14.

4 진교훈, 윤영돈 (2003). 융 심리학의 인간학적 함의에 관한 연구. 서울대학교 사

범대학, 66, pp. 73~104.

5   Murray, R. B., & Zenter, J. B. (1989) *Nursing Concepts for Health Promotion*. Prentice Hall, London.

6   김태경 (2020). 강력범죄피해자의 법정증언 경험에 대한 연구: 피해자와 실무자의 보고를 중심으로. 피해자학연구, 28(1), pp. 1~28.

7   스마일센터 통합홈페이지 : www.resmile.or.kr/ 서울동부스마일센터 : 02-472-1295.

Chapter 6 상처 품은 아이를 이해한다는 것

1   Nagy, M. (1948). The child's theories concerning death. *Journal of Genetic Psychology, 73*, pp. 3~27.; Speece, M. W. (1995). Children's Concepts of Death. *Michigan Family Review, 1*, pp. 57~69.

2   Corey, G. (2017). 심리상담과 치료의 이론과 실제(천성문, 권선중, 김인규, 김장회, 김창대, 신성만, 이동훈, 김재홍 역). 서울: Cengage Learning.

3   Deurzen, E. V., & Adams, M. (2011). Skills in Existential Counselling & Psychotherapy. NY: Sage.

4   김태경, 원혜욱, 신진희 (2018). 가정법원의 학대피해아동 보호역할 확대를 위한 아동복지법 개정방향. 대법원 연구용역 보고서.

5   Casey, E. A. & Norius, P. S. (2005). Trauma exposure and sexual revictimization risk. *Violence Against Women, 11*, pp. 505~530.

6   김평화, 윤혜미 (2013). 아동학대가 아동의 정서결핍과 공격성에 미치는 영향. 한국아동복지학, 41, pp. 219~239.; Lansford, J. E., Miller-Johnson, S., Berlin, L. J., Dodge, K. A., Bates, J. E., & Pettit, G. S. (2007). Early physical abuse and later violent delinquency: a prospective longitudinal study. *Child Maltreatment, 12(3)*, pp. 233~245.

용서하지 않을
권리

초판 1쇄 발행 2022년 2월 5일

지은이 김태경
펴낸이 권미경
편집장 이소영
기획편집 김효단
마케팅 심지훈, 강소연, 이지수
디자인 [★]규
펴낸곳 ㈜웨일북
출판등록 2015년 10월 12일 제2015-000316호
주소 서울시 서초구 강남대로95길 9-10, 웨일빌딩 201호
전화 02-322-7187 **팩스** 02-337-8187
메일 sea@whalebook.co.kr **인스타그램** instagram.com/whalebooks

ⓒ 김태경, 2022
ISBN 979-11-92097-09-1 03300

소중한 원고를 보내주세요.
좋은 저자에게서 좋은 책이 나온다는 믿음으로, 항상 진심을 다해 구하겠습니다.